Wirtschaft heute

PRAKTISCH

Schülerarbeitsheft
mit Lösungen

von

Dr. Bernd Crone
Reiner Kühn

Dr. Felix Büchner · Handwerk und Technik · Hamburg

Vorwort

Das Arbeitsheft erarbeitet, ergänzt und vertieft alle Kapitel des Lehrbuchs „Wirtschaft heute".
Um das Heft abwechslungsreich für Schüler und Lehrer zu gestalten, werden unterschiedliche methodisch-didaktische Vorgehensweisen für verschiedene Themen gewählt.
Die Schüler sollen

- völlig **selbstständig** oder in **Kleingruppen** arbeiten (z. B. Zahlungsverkehr),
- die **vorgegebenen Strukturen** überwiegend mit der Hilfestellung des Lehrers erlernen (z. B. Grundlagen des Vertragsrechts),
- durch die parallele Beschäftigung mit dem entsprechenden Kapitel **im Buch „Wirtschaft heute" und „Wirtschaft heute Sachsen"** die Aufgaben selbstständig lösen (z. B. Arbeitsrecht),
- mithilfe von **Berechnungen** Erkenntnisse ableiten (z. B. Kosten, Erlöse, Gewinne),
- durch die Interpretation von **Schaubildern** Zusammenhänge erkennen (z. B. Europäische Union),
- mit dem Ausfüllen von **Tabellen** in strukturierter Weise zum Erkenntnisziel geführt werden (z. B. Einkommen- und Lohnsteuer-berechnungen),
- durch die Bearbeitung von **Fällen** und **Beispielen** angeregt werden, sich mit aktuellen Themen aus dem Wirtschaftsleben aus-einanderzusetzen und diese evtl. als Diskussion in den Unterricht zu tragen (z. B. Verbraucherschutz).

Zu den Themen werden am Ende Fragen mit Ankreuzantworten gestellt, wie sie zurzeit in den Gesellenprüfungen üblich sind. Sie bieten damit eine wichtige Orientierungshilfe für jeden Schüler.

Autoren und Verlag
Frühjahr/Sommer 2005

1	Aufgabe
	Ankreuztest
	Diskussion
§	Anwendung von Gesetzen
"?"	Frage
i	Information
	Internetseite
	Rechen-aufgabe

Zeichnungen: Mischa Harrer, Stuttgart; Claude-Bernard Gay, Hamburg
Umschlaggestaltung: Harro Wolter, Hamburg

ISBN 3.582.**04972**.8 Schülerheft – IX / 9. Auflage 2005
ISBN 3.582.**49721**.6 Lösungen – XIII / IX / 9. Auflage 2005

Verlag Dr. Felix Büchner · Handwerk und Technik G.m.b.H.
Lademannbogen 135, 22339 Hamburg; Postfach 63 05 00, 22331 Hamburg
E-Mail: info@handwerk-technik.de – Internet: www.handwerk-technik.de
Computersatz: aly_crone_design, Freiburg
Druck: Druckhaus »Thomas Müntzer« GmbH, 99947 Bad Langensalza

Klasse:	Datum:
Name:	

1 Situation

Aussage 1   Aussage 2

Diskutieren Sie diese beiden Aussagen, indem Sie zunächst zu Aussage 1 und 2 einige Stichworte notieren.

• Leistungsbereitschaft
• Fleiß, Tüchtigkeit
• Ehrlichkeit
• Disziplin, Ordnung
• autoritärer Führungsstil

• Entfaltungsmöglichkeit jedes Einzelnen
• Betriebshierarchie
• liberaler Führungsstil

2 Welche rechtlichen Bestimmungen bilden die Grundlage für die gesamte Berufsausbildung?

Berufsbildungsgesetz (BBiG) und Verordnung der jeweiligen Kammer

3 Damit die Berufsausbildung richtig durchgeführt wird, wird sie von der „zuständigen Stelle" überwacht. Welche Stelle ist für Sie zuständig?

Handwerkskammer (HWK oder evtl. IHK o.ä.) und Berufsausbildungsausschuss

4 Welche Aufgaben übernimmt diese „zuständige Stelle"?

• Überwachung und Regelung der Berufsausbildung

• Führung des „Verzeichnisses der Berufsausbildungsverhältnisse"

• Erlass der Prüfungsordnungen

• Überwachung der Abschlussprüfung

5 In der Bundesrepublik Deutschland gilt das duale Ausbildungssystem.

a) Was bedeutet duale Ausbildung?

Betrieb und Schule bilden aus.

b) Welche Aufgaben haben Ausbildungsbetriebe und Berufsschule?

Ausbildungsbetrieb:

Vermittlung des fachpraktischen Teils der Ausbildung, Einführung in die Arbeitswelt

Berufsschule:

Vermittlung der Fachtheorie und Erweiterung der Ausbildung

c) Welche Vor- und Nachteile hat das duale System im Vergleich zu einer rein schulischen bzw. rein betrieblichen Ausbildung?

Vorteile:

- Ausbildung ist aktueller
- Kontakt zu Kollegen und Vorgesetzten
- typische Arbeitnehmersituation
- Praxis pur

Nachteile:

- Berufsschule muss sich an Lehrpläne halten
- Betrieb orientiert sich an aktueller Marktlage
- geringe Abstimmung zwischen Schule und Betrieb
- für überregionale Klassen häufig lange Schulwege

6 Der Wandel der Arbeitswelt verändert die Qualitätsanforderungen an die Beschäftigten. Wie reagieren Deutschland und die EU auf diese Erfordernisse?

Deutschland:

durch aufwändige Neuerungen der Ausbildungsberufe

EU:

durch anpassungsfähige Konzepte wie z.B. unterschiedliche Qualifikationsstufen und Aneinanderreihung von Teilqualifikationen

7 Wo verstecken sich hier zehn Wörter bzw. Abkürzungen?

D	Z	V	I	Y	K	R	S	M	N	W	Y	P	H
P	F	G	N	H	J	G	T	E	P	K	Z	R	A
B	I	L	D	U	N	G	E	V	I	O	N	A	N
B	E	R	U	F	S	S	C	H	U	L	E	X	D
K	A	E	S	F	I	H	H	W	K	L	C	I	W
J	D	B	T	G	J	C	N	P	X	E	B	S	E
B	E	T	R	I	E	B	R	Y	D	G	B	P	R
K	M	O	I	N	Q	S	K	U	W	E	I	U	K
L	F	L	E	I	S	S	Y	T	Z	N	G	R	O

waagerecht:
Berufsschule - Betrieb -
HWK - Bildung - Fleiß

senkrecht:
Kollegen - Handwerk - BBiG
Praxis pur - Industrie

Berufsausbildung und Arbeitswelt
Berufsausbildungvertrag

1 Lesen Sie § 4 BBiG[1] und erarbeiten Sie Antworten für Ihren Ausbildungsvertrag.

Nr.	Inhalt des § 4 BBiG	Was steht in Ihrem Vertrag?
1	Art, sachliche, zeitliche Gliederung	
2	Beginn und Dauer der Berufsausbildung	
3	Ausbildungsmaßnahmen außerhalb der Ausbildungsstätte	
4	tägliche Arbeitszeit	
5	Probezeit	
6	Zahlung und Höhe der Vergütung	
7	Urlaub	
8	Voraussetzung zur Kündigung	
9	Hinweis auf Tarifverträge, Betriebs- und Dienstvereinbarungen	

2 Lesen Sie die §§ 6, 8, 9, 10 BBiG und fassen Sie in Stichworten zusammen.

Nr.	Rechte der Auszubildenden = Pflichten des Ausbildenden	Plichten der Auszubildenden = Rechte der Ausbildenden
1	berufliche Handlungsfähigkeit vermitteln	Berufsschule besuchen
2	Berufsausbildung gliedern	Berichtsheft führen
3	kostenlose Arbeitsmittel	Aufgaben sorgfältig ausführen
4	selbt ausbilden	an Ausbildungsmaßnahmen teilnehmen
5	Auszubildende charakterlich fördern	Weisungen befolgen
6	Besuch der Berufsschule	Betriebsordnung beachten
7	Zeugnis ausstellen	Werkzeug pfleglich behandeln
8	angemessene Vergütung	Betriebs- und Geschäftsgeheimnisse wahren

[1] www.bmbf.de/pub/berufsbildungsgesetz.pdf

3 Wie kann der Auszubildende, wie der Ausbildende das Ausbildungsverhältnis beenden?

Auszubildender	1	in der Probezeit ohne Grund
	2	nach Bestehen der Prüfung
	3	bei Aufgabe oder Wechsel des Berufs (4-Wochen-Frist)
	4	fristlos – aus wichtigem Grund
Ausbildender	1	in der Probezeit ohne Grund
	2	fristlos – aus wichtigem Grund

ANKREUZTEST: Kreuzen Sie die richtigen Antworten an. Die Buchstaben der angekreuzten Felder ergeben ein Lösungswort zum Thema.

Fall:
Der 17-jähre Marcus Flügge schließt einen Ausbildungsvertrag für eine Tischler-Ausbildung bei der Zimmerei Weber ab.

	Stimmt	Stimmt nicht
1. Der Ausbildungsvertrag muss vor Beginn der Ausbildung abgeschlossen werden.	(P) ✗	(D)
2. Marcus kann ihn mündlich mit der Handwerkskammer abschließen.	(Y)	(F) ✗
3. Marcus kann seinen Ausbildungsvertrag ganz allein ohne Zustimmung der Eltern gültig unterschreiben.	(K)	(L) ✗
4. Marcus muss mit dem Abschluss des Ausbildungsvertrages warten, bis die Probezeit vorüber ist.	(L)	(I) ✗
5. Damit sein Ausbildungsvertrag rechtsgültig ist, muss das Papier nicht nur die Unterschrift seiner Eltern, sondern auch Marcus' eigene und die eines Bevollmächtigten der Handwerkskammer tragen.	(C) ✗	(S)
6. Auch die Berufsschule muss die Zustimmung zur Ausbildung geben.	(V)	(H) ✗

Marcus hat Rechte und Pflichten. Manchmal zweifelt er, ob der Chef mit seinen Forderungen und Anweisungen immer im Rahmen des Gesetzes liegt.

	Berechtigte Forderung	Unberechtigte Forderung
1. Der Chef verlangt von Marcus, ihm jeden Freitag zum Feierabend das fortgeführte Berichtsheft vorzulegen.	(T) ✗	(O)
2. Der Chef teilt Marcus mit, dass er für die Dauer der Schulblöcke/ Schultage keine Ausbildungsvergütung bekommt, weil er dann nicht für die Zimmerei arbeitet.	(G)	(E) ✗
3. Am Ende der Ausbildung verlangt Marcus ein Zeugnis, obwohl er von der Zimmerei als Geselle übernommen wird.	(N) ✗	(A)

Lösungswort:

P   F   L   I   C   H   T   E   N

Berufsausbildung und Arbeitswelt
Einflüsse auf die menschliche Arbeitsleistung

Klasse:	Datum:
Name:	

1 **Einstellung zur Arbeit**

Führen Sie in Ihrer Klasse eine Abstimmung durch. Jeder Schüler kreuzt die drei wichtigsten Punkte an. Werten Sie die Ergebnisse hinterher aus und berechnen Sie die Prozentsätze.

Frage: *Es gibt eine Reihe von Gesichtspunkten, nach denen man einen Arbeitsplatz beurteilen kann. Nennen Sie die drei Punkte, die für Ihre Berufswahl am wichtigsten waren:*

	eigene Meinung	Klassenergebnis	INFAS
Angenehmes Arbeitstempo			9%
Arbeitsinhalt			34%
Arbeitsplatzbedingung			45%
Arbeitsplatzsicherheit			15%
Arbeitszeit			19%
Aufstiegschancen			23%
Betriebliche Mitbestimmung			13%
Einkommenshöhe			53%
Kontakte mit Kollegen			34%
Sicherheit vor Entlassung			22%
Verhältnis zu Vorgesetzten			17%

Diskutieren Sie dieses Klassenergebnis auch im Hinblick auf die Infas-Untersuchung und Ihre eigene Meinung.

2 Von welchen persönlichen Voraussetzungen hängt die Leistungsfähigkeit ab?

a) Grundfähigkeiten
1. Begabung
2. körperliche Verfassung

b) erworbene Fähigkeiten
1. fachliche Fähigkeiten und Fertigkeiten
2. charakterliche Eigenschaften

3 Wovon hängt die Leistungsbereitschaft ab?

• Höhe des Einkommens
• Sicherheit des Arbeitsplatzes
• Verhältnis zu Vorgesetzten und Kollegen

• Arbeitsinhalt
• Aufstiegsmöglichkeiten
• angenehme Arbeitszeit

4 Heinz hat sich ein neues Auto gekauft. Als Stefanie ihn fragt, ob er zufrieden sei, sagt er: „Es ist ein typisches Montagsauto." Was meint er damit?

Montags passieren die meisten Fehler, da noch die volle Konzentration auf die Arbeit fehlt.

5 Zeichnen Sie die durchschnittliche Leistungsschwankungskurve eines Arbeitnehmers für eine Woche auf und erklären Sie den Verlauf.

Die Konzentration auf die Arbeit nimmt zur Mitte der Woche zu und danach wieder ab.

6 Arbeitsplatzgestaltung:

a | Beschreiben Sie Ihren derzeitigen Arbeitsplatz.

b | Viele Arbeitnehmer arbeiten nicht unter besten Bedingungen. Überlegen Sie, welche Verbesserungen sich anbieten bei folgenden äußeren Arbeitsbedingungen:

Äußere Arbeitsbedingungen	Verbesserungsvorschläge
Es müssen schwere Lasten über eine Treppe in die höheren Stockwerke getragen werden.	*Aufzug, Rampe*
Eine Maschine in einer Schreinerei verursacht viel Holzstaub.	*Absauganlage*
In einer Brauerei machen die Flaschen auf den Laufbändern so viel Lärm, dass man sich nur durch Schreien verständigen kann.	*Ohrenschützer, Gegensprechanlage*
In einen Raum fällt kein Tageslicht.	*Gute, tageslichtähnliche Beleuchtung*
Durch die Arbeit in einem Spritzraum entstehen gesundheitsschädliche Dämpfe.	*Absauganlage*
Eine Maschine hat Bedienungsknöpfe, die sich leicht verwechseln lassen.	*Knöpfe farblich unterschiedlich gestalten*

Berufsausbildung und Arbeitswelt

Schlüsselqualifikation

Die Anforderungen der Wirtschaft an den Schulabgänger haben sich in den letzten Jahren deutlich verändert. In den Unternehmen werden im Zuge des an Tempo gewinnenden Strukturwandels andere Qualifikationsanforderungen für neue und für bestehende Arbeitsplätze gefordert. Die Rahmenbedingungen des Strukturwandels in der Wirtschaft lassen sich beschreiben durch globalen Wettbewerb, internationale Wirtschaftsverflechtungen, veränderte Unternehmensstrategien und Unternehmensorganisationen, neue Technologien und Herausforderungen der Ökologie. Allgemein werden folgende zehn Schlüsselqualifikationen genannt, die jedem Auszubildenden im Rahmen einer soliden Grundausbildung nahe gebracht werden sollten.

1. Versuchen Sie, diese Schlagworte mit Ihren eigenen Worten für Ihren Beruf zu umschreiben.
2. Kreuzen Sie Ihre drei stärksten und schwächsten Eigenschaften an.

		Schwächen	Stärken
Organisation und Durchführung einer Arbeitsaufgabe	Genauigkeit, systematisches Vorgehen, Organisationsvermögen und Koordinationsvermögen		
Kommunikation und Kooperation	Kundenorientiertes Verhalten und die Fähigkeit, sich selbst mitzuteilen. Dazu gehört auch die Bereitschaft und die Fähigkeit zur Teamarbeit		
Einsatz von Lern- und Arbeitstechniken	Kenntnis und Anwendung von verschiedenen Arbeits- und Lerntechniken sowie Abstraktionsvermögen und Transferfähigkeit als auch spezielle Fachkenntnisse		
Sicherheit in den Kulturtechniken	Selbstständige Auskunft auf Fragen und eigenständiges Arbeiten. Dazu sind Lesen, Rechnen und Schreiben unerlässlich		
Problemlösungs- und Entscheidungskompetenz	Verfahren zur Strukturierung eines Problems, die Darstellung möglicher Lösungsansätze und selbstständige Entscheidungen		
Selbstständigkeit und Verantwortung	Zuverlässigkeit und umsichtiges Handeln sowie Selbstkritik und Kontrolle des Arbeitsablaufes und -ergebnisses		
Ausdauer und Belastbarkeit	Ausdauer in der Lösung einer Aufgabe, Konzentrationsfähigkeit, aber auch Frustrationstoleranz bei Misserfolgen sowie die Bereitschaft zu einem neuen Versuch		
Kreativität und Flexibilität	Eigene Ideen entwickeln und umsetzen sowie Gestaltung der Arbeitsplätze, Einarbeitung in neue Aufgaben		
Sprachkompetenz in Fremdsprachen	Wegen der stärkeren internationalen Wirtschaftsverflechtung werden Sprachkenntnisse verlangt. Im Vordergrund steht dabei die verbale Kommunikation mit dem Gesprächspartner.		
Lernfähigkeit und Lernbereitschaft	Weiterbildungsmaßnahmen während der Berufslaufbahn zur persönlichen und beruflichen Weiterentwicklung		

Berufsausbildung und Arbeitswelt

Arbeitsschutz

In jedem Sozialraum eines Betriebes sollen die Unfallverhütungsvorschriften (UVV) ausliegen.

„Wenn der Pollier dir sagt, du sollst den Helm aufsetzen, dann weiß er schon, warum!"

1 Wer erlässt die UVV?

Berufsgenossenschaft bei der jeweiligen Berufsgruppe

2 Welche Aufgaben haben diese Vorschriften?

• Verhütung von Arbeitsunfällen

• nach Eintritt eines Arbeitsunfalles Entschädigung

des Verletzten

    – durch Wiederherstellung der Erwerbsfähigkeit,

    – durch Arbeits- und Berufsförderung,

    – durch Leistungen in Geld

    – bzw. finanzielle Entschädigung der Hinterbliebenen

3 Wer überwacht die Einhaltung der Schutzbestimmungen?

• bei mehr als 20 Arbeitnehmern eigene Sicherheitsbeauftragte

• Betriebsärzte und Sicherheitsingenieure

4 Ein Arbeitnehmer erleidet einen Arbeitsunfall und kann für ein halbes Jahr nicht mehr arbeiten. Welche Folgen hat dies für

a) den Betroffenen?   zeitweilige Behinderung, Schmerz, geringeres Einkommen,

zusätzliche Sozialkosten

b) den Betrieb?   Ausfall eines Mitarbeiters, Betriebsstörung, zusätzliche

Arbeitskosten

c) die Allgemeinheit?   Minderung des Volkseinkommens, Erhöhung der

Sozialkosten

5 Welche Rechte stehen dem Unfallgeschädigten zu?

Recht auf Sozialleistungen, Recht auf Lohnforderung, Recht auf Wiederein-

stellung

6 Wann ist eine Unfallanzeige zu erstatten?

Wenn ein Arbeitsunfall oder Wegeunfall eine Arbeitsunfähigkeit von mehr als drei

Kalendertagen oder den Tod des Versicherten zur Folge hat

7 Wer hat die Unfallanzeige zu melden?

Unternehmer oder Stellvertreter

Klasse:	Datum:
Name:	

Jugendarbeitsschutz nicht beachtet

Stuttgart In fast jedem zehnten von insgesamt 4 000 kontrollierten Betrieben in Baden-Württemberg sind Jugendliche festgestellt worden, die ohne die vom Jugendarbeitsschutz vorgesehenen ärztlichen Untersuchungen beschäftigt waren. In 4,5 Prozent der untersuchten Betriebe wurde die Schicht- und Arbeitszeit nicht eingehalten. Diese Ergebnisse der Kontrollen der Gewerbeaufsichtsämter teilte der Staatssekretär im Sozialministerium in Stuttgart mit. Bei den vorgenommenen Schwerpunktrevisionen wurden neben mündlichen und schriftlichen Beanstandungen etwa 400 förmliche und schriftliche Verwarnungen ausgesprochen und etwa 230 Bußgeldverfahren eingeleitet. (aus der Tagespresse)

§ Lesen Sie §7 JArbSchG.[1] Dort steht (in Kurzform):

Beschäftigung unter 15 Jahren ist verboten.

Ausnahmen:

1. *Berufsausbildungsverhältnis*

2. *sonst nur mit leichten Arbeiten*

1. Fall: Ein 15-Jähriger muss in einer Schreinerei täglich stundenlang schwere Spanplatten zu den Maschinen schleppen.

§ Lesen Sie §22 (1) JArbSchG. Dort steht (in Kurzform):

nur Arbeit, die die Leistungsfähigkeit nicht übersteigt

Lösung des Falles (eine Antwort ist richtig):

○ Die Arbeit ist erlaubt.

⊗ Die Arbeit ist generell verboten.

○ Die Arbeit ist nur zeitweise erlaubt.

2. Fall: In einem Betrieb ist für alle Auszubildenden wie folgt festgelegt:

a| Arbeitsbeginn: 7:00 Uhr bis Arbeitsende: 16:00 Uhr
b| Frühstückspause: 9:00 Uhr bis   9:10 Uhr
c| Mittagspause: 12:00 Uhr bis 12:30 Uhr

§ Lesen Sie §14 (1) und §11 JArbSchG. Dort steht (in Kurzform):

a| *Beschäftigung von 6 bis 20 Uhr*

b| *Pause mindestens 15 Minuten*

c| *60 Minuten Pause insgesamt*

Lösung der Fälle (jeweils eine Antwort ist richtig):

a| Beschäftigungszeit	b| Frühstückspause	c| Ruhepause insgesamt
⊗ ist erlaubt.	○ ist erlaubt.	○ ist erlaubt.
○ ist zu lang.	○ ist zu lang.	○ ist zu lang.
○ beginnt zu früh.	⊗ ist zu kurz.	⊗ ist zu kurz.

1) Das Heft „Ausbildung und Beruf – Rechte und Pflichten während der Berufsausbildung" gibt es kostenlos beim Bundesministerium für Bildung und Forschung, 10115 Berlin; www.bmbf.de

3. Fall: Die 17-jährige Auszubildende Helga verlangt nach dem JArbSchG 30 Werktage Urlaub. Ihr Gesuch wird abgelehnt. Zu Recht?

§ Lesen Sie §19 (1) und (2) JArbSchG. Dort steht (in Kurzform):

a) Bezahlter Erholungsurlaub ist zu gewähren.

b) 17-Jährige haben Anspruch auf 25 Werktage.

Lösung des Falles: Urlaubsgesuch (eine Antwort ist richtig):

○ besteht zu Recht.

⊗ ist zu lang.

○ Sie kann mehr Urlaub beanspruchen.

4. Fall: Ein Betrieb beginnt um 7:00 Uhr mit der Arbeit. Der 16-jährige Hans hat um 8:40 Uhr Berufsschulbeginn. Der Ausbilder wünscht, dass Hans von 7:00 Uhr bis 8:30 Uhr im Betrieb arbeitet.

§ Lesen Sie §9 (1) 1 JArbSchG. Dort steht (in Kurzform):

Ein Jugendlicher darf vor einem vor 9:00 Uhr beginnenden Unterricht nicht beschäftigt werden.

Lösung des Falles: Arbeiten vor der Schule (eine Antwort ist richtig):

○ ist grundsätzlich erlaubt.

○ ist nur erlaubt, wenn ganz dringende Arbeit anfällt.

⊗ ist nicht erlaubt, wenn die Schule vor 9:00 Uhr beginnt.

5. Fall: Der 17-jährige Auszubildende Thomas hat von 7:50 Uhr bis 13:00 Uhr Berufsschulunterricht. Sein Ausbilder verlangt von ihm, ab 14:00 Uhr bis Feierabend im Betrieb zu arbeiten.

§ Lesen Sie §9 JArbSchG. Dort steht (in Kurzform):

Berufsschultag mit 5 Schulstunden und mehr ≙ 8 Stunden im Betrieb.

Für volljährige Berufsschulpflichtige gelten diese Regeln nicht.

Lösung des Falles: Die Forderung (eine Antwort ist richtig):

○ ist grundsätzlich erlaubt.

⊗ ist grundsätzlich verboten.

○ ist nur erlaubt, weil Thomas volljährig ist.

6. Fall: Die 17-jährige Auszubildende Heike verlangt von ihrer Chefin einen beschäftigungsfreien Tag vor dem Tag ihrer schriftlichen Abschlussprüfung. Zu Recht?

§ Lesen Sie §10 (2) JArbSchG. Dort steht (in Kurzform):

Der Tag unmittelbar vor der Prüfung ist frei.

Lösung des Falles: Die Forderung (eine Antwort ist richtig):

⊗ ist grundsätzlich berechtigt.

○ ist unberechtigt.

○ ist nur mit Zustimmung der Chefin berechtigt.

Arbeitsblatt zu „Wirtschaft heute" von Crone/Kühn

Berufsausbildung und Arbeitswelt
Sozialversicherungen (1)

Klasse:	Datum:
Name:	

1 Füllen Sie folgende Tabelle aus.

	Krankenversicherung	Pflegeversicherung	Arbeitslosenversicherung	Rentenversicherung	Unfallversicherung
Versicherungsträger?	Krankenkasse	Krankenkasse	Bundesagentur für Arbeit	Deutsche Rentenversicherung	Berufsgenossenschaft
Versicherungsleistungen der jeweiligen Versicherung?	Zur Vorsorgeuntersuchung für • Kinder bis 6 J • Frauen ab 20 J • Männer ab 45 J Bei Krankheit (4 Beispiele) • Krankenpflege • Krankenhauspflege • Krankengeld • Krankenbehandlung Bei Mutterschaftshilfe • Entbindung • ärzliche Behandlung • Mutterschaftsgeld	Pflegestufen I: erheblich pflegebedürftig II: schwer pflegebedürftig III: schwerst pflegebedürftig Pflegesachleistungen Die Pflege wird bezahlt. Die Höhe ist abhängig von der Pflegestufe. Pflegevertretung Pflegeperson kann bei Urlaub, Krankheit oder sonst. Verhinderung eine Pflegevertretung beantragen.	Hilfe bei Arbeitslosigkeit • Arbeitsvermittlung • Eingliederungshilfe • berufl. Weiterbildung • Arbeitsbeschaffungsmaßnahmen Höhe des Arbeitslosengeldes (ALG I): 60 % ohne Kinder 67 % mit Kindern eines pauschalierten Netto-Gehaltes. ALG II erhalten: • Erwerbsbedürftige • Hilfebedürftige Sozialgeld erhalten: nicht erwerbsfähige Angehörige	Bei Rehabilitation • Kuraufenthalt • ärztliche Behandlung • Eingliederungshilfe • Umschulung Ab wann gelten … flexible Altersgrenzen? ab 63 Lebensjahre … Regelaltersgrenzen? ab 65 Lebensjahre Wer bekommt Hinterbliebenenrente? • Witwen • Waisen • Geschiedene	Bei Betriebsunfall • Heilbehandlung • Verletztengeld Ein Betriebsunfall zwingt zum Berufswechsel: Kostenübernahme der Ausbildung des neuen Berufs

	Kranken-versicherung	Pflege-versicherung	Arbeitslosen-versicherung	Renten-versicherung	Unfall-versicherung
Beitrag in diesem Jahr in %?	13% – 15%[1]	1,7% (2005) Kinderlos: 1,95% (ab 2005)	6,5% (2005)	19,5% (2005)	nach Lohn-summe und unfallgefahren-klasse
Beitragsauf-teilung in %?	50 % AN 50 % AG	50[2] % AN 50[2] % AG	50 % AN 50 % AG	50 % AN 50 % AG	0 % AN 100 % AG
Wer ist pflichtver-sichert?	• Arbeiter • Angestellter • Auszubildende • Rentner • Studenten • Arbeitslose • selbstständige Landwirte	• Arbeiter • Angestellter • Auszubildende • Rentner • Studenten • Arbeitslose • selbstständige Landwirte	• Arbeiter • Angestellter • Auszubildende	• Arbeiter • Angestellter • Auszubildende • Gehilfen • Heimarbeiter • selbstständige Handwerker	• alle Arbeitneh mer • Schüler • Studenten
Wer ist freiwillig versichert?	Alle, die die Jah-resarbeitsent-geldgrenze über-schreiten	Jeder muss Pfle-geversichert sein, auch wenn er privat kranken-versichert ist	—	• Selbstständige Hausfrauen	—

[1] Ab 1.7.2005: Beitragssenkung, für AN 0,4%, AG 0,45%; zusätzlicher Sonderbeitrag nur für AN 0,9% für Zahnersatz und Krankengeld

[2] in Sachsen: 1,35% AN, 0,35% AG; für Kinderlose: 1,1% von AN, 0,85% von AG

ANKREUZTEST (jeweils eine Antwort ist richtig):

a) Welche Personengruppe ist **nicht** bei der gesetzlichen Krankenversicherung pflichtver-sichert?

- ◯ Arbeiter
- ◯ Angestellte
- ◯ Arbeitslose
- ◯ Rentner
- ⊗ Selbstständige

b) Welche Versicherung gehört nicht zur Sozial-versicherung?

- ◯ Unfallversicherung
- ⊗ Lebensversicherung
- ◯ Arbeitslosenversicherung
- ◯ Krankenversicherung
- ◯ Rentenversicherung

Kapitel **1**

Arbeitsblatt zu „Wirtschaft heute" von Crone/Kühn

Berufsausbildung und Arbeitswelt
Sozialversicherungen (2)

Klasse: Datum:

Name:

2 Stellen Sie bei folgenden Fällen fest, welche Sozialversicherung infrage kommt. Kreisen Sie ein: KV (Krankenversicherung), PV (Pflegeversicherung), ALV (Arbeitslosenversicherung), RV (Rentenversicherung), UV (Unfallversicherung), und erarbeiten Sie dann die Versicherungsleistungen, die im jeweiligen Fall gewährt werden.

a) *Arbeiter Klaus Arnold muss wegen eines Leistenbruchs ins Krankenhaus. Nach der Operation muss er noch eine Woche dort beobachtet werden und darf aufgrund ärztlicher Vorschrift 6 Wochen nicht arbeiten. Welche Ansprüche hat er?* ((KV) PV, ALV, RV, UV)

– Krankenpflege (Arzt, Medikamente)

– Krankenhauspflege

– Krankengeld (ab 7. Woche)

b) *Karin Hitzel ist schwanger. Welche Ansprüche hat sie?* ((KV) PV, ALV, RV, UV)

– Entbindung, Arzt, Hebamme, Medikamente

– Mutterschaftsgeld

c) *Horst Kuno wird arbeitslos, da seine Firma Konkurs angemeldet hat. Er hat zwei Töchter und verdiente zuletzt 1.250,00 € netto. Herr Kuno wendet sich ans Arbeitsamt und beantragt Arbeitslosenunterstützung. Welche Bedingungen werden geprüft, und wie viel Geld hat er zu erwarten?*
(KV, PV, (ALV) RV, UV)

– Konkursausfallgeld für alle Arbeitnehmer

– Arbeitslosengeld, wenn Anwartschaft erfüllt ist, er arbeitslos gemeldet ist,

   Arbeitslosengeld beantragt hat und jederzeit erreichbar ist

– Er bekommt 67% vom letzten Nettogehalt.

d) *Karl Hausmann ist 62 Jahre alt und möchte früher als mit 65 Jahren in Rente gehen. Welche Bedingungen muss er erfüllen? Welche Konsequenzen muss er in Kauf nehmen?* (KV, PV, ALV, (RV) UV)

– Er hat das 63. Lebensjahr vollendet und ist mindestens 35 Versicherungsjahre

   rentenversichert.

– Er muss Abschläge in der Rentenhöhe hinnehmen.

e) *Ilse Becker verunglückt auf dem direkten Weg zur Arbeit. Sie muss sich in ärztliche Behandlung begeben. Welche Versicherung zahlt (Begründung)?* (KV, PV, ALV, RV, (UV))

– Ein Unfall auf dem direkten Weg zwischen Wohnung und Betrieb des

   Arbeitnehmers ist unfallversichert.

– Die Berufsgenossenschaft muss zahlen.

f) *Kurt Meier hatte einen schweren Motorradunfall. Er ist ab dem Hals querschnittsgelähmt und bedarf einer 24-stündigen Betreuung hinsichtlich Körperpflege, Ernährung und Mobilität. Welche Versicherung tritt ein? Welche Einstufung wird vorgenommen?* (KV, (PV) ALV, RV, UV)

– Es liegt die Pflegestufe III vor.

g | Hans Hofmann bleibt mit seinem Fahrradreifen auf dem Weg zur Berufsschule in einer Straßenbahn-schiene hängen. Er verletzt sich erheblich und muss stationär im Krankenhaus aufgenommen werden. Welche Versicherung tritt ein (Begründung)? Welche Leistungen werden bezahlt?
(KV, PV, ALV, RV, UV)

– Auch der Weg zur Schule ist unfallversichert.

– Krankenhausaufenthalt und Heilbehandlung zahlt die Unfallversicherung.

h | Wolfgang Weber fährt zur Arbeit. Auf dem Weg dorthin fährt er noch über einen Umweg am Tennis-Club vorbei, um sich für 18 Uhr für ein Spiel einzutragen. Auf der Weiterfahrt verunglückt Herr Weber schwer und muss ärztlich behandelt werden. Welche Versicherung tritt ein (Begründung)?
(KV, PV, ALV, RV, UV)

– Er war nicht auf dem direkten Weg zur Arbeit.

– Der Grund des Umweges war ein privater.

ANKREUZTEST (jeweils eine Antwort ist richtig):

a | Die Sozialversicherung ist
- ○ eine private Vorsorge.
- ○ eine Pflichtversicherung für alle Bürger.
- ⊗ eine soziale Sicherung vor materieller und sozialer Not.
- ○ ein anderer Begriff für Sozialhilfe.
- ○ eine Krankenversicherung für alle, die sich eine private Versicherung nicht leisten können.

b | Die Verwaltung der Sozialversicherung
- ○ wird von Beamten vorgenommen.
- ○ untersteht direkt dem Bundesministerium für Arbeit.
- ○ untersteht dem Landesarbeitsminister.
- ⊗ wird durch gewählte Organe selbst vor-genommen.
- ○ wird durch Arbeitgeberorganisationen vorgenommen.

c | Wer zahlt die Unfallversicherung?
- ○ der Arbeitnehmer alles
- ⊗ der Arbeitgeber alles
- ○ Arbeitnehmer und Arbeitgeber je zur Hälfte
- ○ Arbeitnehmer, Arbeitgeber und Staat je ein Drittel
- ○ Arbeitnehmer ein Drittel, Arbeitgeber zwei Drittel

d | Um bei einem vorübergehenden Arbeitsaus-fall wegen schlechter Auftragslage dem Arbeit-nehmer den Arbeitsplatz zu erhalten, zahlt das Arbeitsamt
- ○ Konkursausfallgeld
- ⊗ Kurzarbeitergeld
- ○ Schlechtwettergeld
- ○ Arbeitslosengeld
- ○ Sozialgeld

e | Wann liegt ein Wegeunfall im Sinne der Unfallversicherung vor?
- ○ Klaus Braun fährt in seinem bezahlten Urlaub nach Frankreich. Dort verunglückt er und muss sich ärztlich behandeln lassen.
- ○ Hanna Maier fährt zur Arbeit. Dabei fällt ihr ein, dass sie noch mit ihrem Freund telefonieren muss. Sie fährt in die nächste Seitenstraße und telefoniert. Auf dem Weg zu ihrem Wagen rutscht sie aus und bricht sich den Arm.
- ⊗ Heinz Müller hält auf dem Weg zur Arbeit an, um sich Brötchen zu kaufen. Dabei stürzt er und zieht sich einen Bänderriss zu.
- ○ Janina Kraut benutzt die Mittagspause, um sich etwas zum Essen zu holen. Sie stürzt auf dem Weg zum Supermarkt und bricht sich den kleinen Finger.
- ○ Hans-Jörg Schulze spielt nach Feierabend mit seinem Chef und einem Kollegen Skat. Auf dem Weg zur Gaststätte verknickt er sich den Fuß so stark, dass er nicht mehr laufen kann.

Berufsausbildung und Arbeitswelt
Private Zusatzversicherungen

1 Stellen Sie sich vor, Sie sind im dritten Ausbildungsjahr und ziehen demnächst in eine eigene 2-Zimmer-Wohnung. Sie beabsichtigen, sich ein gebrauchtes Auto zu kaufen und haben deshalb einen Versicherungsvertreter eingeladen, der Ihnen erklären soll, welche Versicherungen Sie brauchen.

Sie wollen …

- sich und die Wohnung absichern,

- sich gegen Berufsunfähigkeit versichern,

- Ihr Auto versichern,

- im Alter abgesichert sein,

- bei einem Krankenhausaufenthalt in einem 2-Bett-Zimmer liegen,

- als aktiver Sportler gegen Unfälle abgesichert sein,

- für den Fall eines Streitfalles eine Rechtsberatung in Anspruch nehmen können.

HIER EIN AUSZUG AUS UNSEREM VERSICHERUNGS-PROGRAMM. DA SUCHEN WIR JETZT WAS SCHÖNES FÜR SIE RAUS!

?

Der Versicherungsvertreter bietet Ihnen daraufhin folgende Versicherungen an:

A. Personenversicherungen:

1. Lebensversicherung mit Berufsunfähigkeitsversicherung

2. Krankenhauszusatzversicherung

3. private Unfallversicherung

Leistungen:

- bei Tod: Auszahlung der Versicherungssumme
- bei Berufsunfähigkeit: Rentenanspruch
- 2-Bett-Zimmer
- Betreuung durch Chefarzt
- bei Tod innerhalb eines Jahres nach Unfall: vereinbarte Todesfallleistung
- bei Invalidität innerh. eines Jahres nach Unfall: vereinbarte Versicherungssumme
- bei sonstigen Unfällen: Krankenhausaufenthalt, Genesungsgeld, Übergangsentschädigung

B. Sachversicherungen:

1. Hausratversicherung

Leistungen:

- für Schäden in der Wohnung

C. Vermögensversicherungen:

1. Kfz-Versicherung

2. private Haftpflichtversicherung

3. Rechtsschutzversicherung

Leistungen:

- Haftpflicht: Schadenersatz für Verkehrsopfer
- Teil- oder Vollkasko: Sachschäden am eigenen Auto
- für Schäden, die der Versicherte einem anderen zufügt
- für Anwalts- und Gerichtskosten für Familie und als Autofahrer, Fußgänger oder Fahrradfahrer

2 Sehr viele Menschen haben das Bedürfnis, sich vor Risiken zu schützen. D. h. nicht, dass sie nicht das Risiko lieben, aber die Folgen wollen sie so niedrig wie möglich halten. So reizt den Fallschirmspringer sicherlich das Risiko, er schützt sich allerdings vor der Unfallgefahr.

Für die folgenden Fälle suchen Sie eine private Versicherungsart, die für den Schaden aufkommen würde.

 1. Fall: Familie Hansen wohnt in einer Mietwohnung im 1. Obergeschoss. Eines Tages platzt der Schlauch der Spülmaschine. Erst als Frau Roth, die direkt unter Hansens wohnt, aufgeregt mitteilt, dass das Wasser durch die Decke tropft, wird das ganze Ausmaß des Schadens deutlich. Der Schaden beträgt 6.700,00 €.

Hausratversicherung

 **2. Fall:** Die 15-jährige Auszubildende Christina aus Deutschland muss in den USA wegen einer Herzerkrankung operiert werden. Die zuständige gesetzliche Versicherung verweigert die Zahlung.

private Krankenversicherung

 **3. Fall:** Über Neustadt entlädt sich ein Hagelunwetter. Die Hagelkörner sind so groß wie Taubeneier. Stefan hat sein Auto auf der Straße stehen. Die Folgen sind verheerend. Das gesamte Auto ist durch die Hagelkörner zerbeult. Der Schaden wird auf 5.000,00 € geschätzt.

Teilkaskoversicherung

 **4. Fall:** Klaus fährt bei sonnigem Wetter durch den Schwarzwald, als plötzlich ein Rebhuhn gegen die Frontscheibe seines Autos fliegt. Der Wagen kommt von der Straße ab und überschlägt sich. Klaus erleidet aufgrund seiner Verletzung eine Querschnittlähmung.

Insassenunfallversicherung

 **5. Fall:** Familie Burggraf hat eine Flugreise nach Mallorca gebucht. Leider erkrankt die Mutter schwer, sodass die ganze Familie nicht fliegen kann.

Reiserücktrittsversicherung

 **6. Fall:** Der Geschäftsmann Wolfgang Reuter fliegt zu Geschäftsverhandlungen nach Tokio. Als er nach erfolgreichen Gesprächen wieder in sein Hotel zurückkommt, muss er feststellen, dass wertvolle Dinge gestohlen wurden, z. B. sein Radiowecker, goldene Manschettenknöpfe und ein wertvoller Anzug. Gesamtschaden 1.500,00 €.

Reisegepäckversicherung

 **7. Fall:** Der Dackelrüde Knurri sitzt ruhig vor dem Geschäft angebunden und wartet auf „Frauchen". Plötzlich sieht er eine Schäferhündin auf der anderen Straßenseite. Er reißt sich blitzartig von seiner Leine los und rennt über die Straße. Ein Autofahrer erkennt ihn zu spät. Er kann ihm zwar ausweichen, prallt aber auf ein parkendes Auto. Sachschaden 10.000,00 €.

Tierhalterhaftpflichtversicherung

8. Fall: Da Knurri nicht das erste Mal einen solchen Schaden verursacht hat, befürchtet die Hundehalterin, dass die Versicherung ihr nach Schadensregelung den Vertrag kündigt. Sie ist deshalb nicht gewillt, dem Autofahrer gegenüber den Schaden zu übernehmen. Der Autofahrer nimmt sich daraufhin einen Anwalt.

Rechtsschutzversicherung

Grundlagen des Vertragsrechts
Rechts- und Geschäftsfähigkeit

1 Beschreiben Sie Aufbau und Inhalt der Geschäftsfähigkeit.

Geschäftsfähigkeit

geschäftsunfähig	beschränkt geschäftsfähig	voll geschäftsfähig

Darunter fallen:

alle Kinder unter 7 Jahren	alle Kinder und Jugendlichen von 7 bis unter 18 Jahre	alle Personen ab 18 Jahren

Außerdem gehören durch Gerichtsbeschluss Personen dazu, die:

– wegen dauernder krankhafter Störung der Geistestätigkeit	wegen — Ausnahmen: – Trunksucht — – Taschengeld – Rauschgiftsucht — – nur bei rechtlichen Vorteilen – Verschwendung – Geistesschwäche — – im Rahmen des Dienst- – unter vom Gericht verfügter Betreuung — und Arbeitsverhältnisses

Gültigkeit von Verträgen:

Alle Verträge, selbst mit Genehmigung des gesetzlichen Vertreters, sind unwirksam.	Alle Verträge, sind „schwebend unwirksam", also nur mit Genehmigung der Erziehungsberechtigten wirksam und bei Verbot unwirksam.	Der Vertragsabschluss bedarf keiner Genehmigung und ist deshalb voll wirksam.

2 Entscheiden Sie durch ein Kreuz zwischen natürlicher und juristischer Person und tragen Sie ein, wann die jeweilige Rechtsfähigkeit beginnt und endet.

	Person		Rechtsfähigkeit	
	natür-liche	juris-tische	beginnt	endet
Lehrerin Frederike Kollmar	X		mit Geburt	mit Tod
Schüler Reiner Gerber	X		mit Geburt	mit Tod
Ziemens AG		X	mit Eintragung in das Handelsregister	mit Löschung aus dem Handelsregister
Sportclub e.V.		X	mit Eintragung ins Vereinsregister	mit Löschung aus dem Vereinsregister
Klein GmbH, Schlosserei		X	mit Eintragung ins Handelsregister	mit Löschung aus dem Handelsregister
Malereibetrieb Müller e.K.	X		mit Eintragung ins Handelsregister oder Erwerben der Kaufmannseigenschaft	mit Löschung aus dem Handelsregister oder Beendigung der Kaufmannseigenschaft
Rechtsanwalt Schimanski	X		mit Geburt	mit Tod
Innungskrankenkasse		X	mit Genehmigung der Satzung	mit Löschung der Satzung
Baden-Württemberg		X	mit Gründung	mit Auflösung
Bundesrepublik Deutschland		X	mit Gründung	mit Auflösung
Stadtsparkasse		X	mit Genehmigung der Satzung	mit Löschung der Satzung
Zweirad Marder OHG		X	mit Eintrag ins Handelsregister, evtl. schon mit Geschäftsbeginn	mit Löschung aus dem Handelsregister

3 Testen Sie Ihr Wissen über die Geschäftsfähigkeit, indem Sie das Kreuz an die richtige Stelle setzen.

Fall	geschäfts-unfähig	beschränkt geschäftsfähig	voll geschäftsfähig
Rechtsgeschäfte sind voll wirksam			X
Rechtsgeschäfte von dauernd Geisteskranken	X		
Kauf mit Taschengeld durch eine 8-Jährige		X	
Kauf durch einen 6-Jährigen	X		
Kauf durch einen 21-jährigen Rauschgiftsüchtigen			X
Rechtsgeschäfte sind schwebend unwirksam		X	
Kauf durch eine wegen Rauschgiftabhängigkeit entmündigte 21-Jährige		X	

Arbeitsblatt zu „Wirtschaft heute" von Crone/Kühn

Grundlagen des Vertragsrechts
Fälle zur Geschäftsfähigkeit

Klasse:	Datum:
Name:	

1. Fall: Der 6-jährige Fritz hat für seine Mutter eingekauft. Vom Wechselgeld nimmt er sich 2,00 € und kauft sich davon 5 Wundertüten. Die aufgerissenen Tüten bringt die Mutter ins Geschäft zurück und will das Geld wiederhaben. Zu Recht? (Begründung)

Fritz ist geschäftsunfähig, deshalb durfte er keinen Kaufvertrag abschließen. Das Geld kann zurückgefordert werden. (Beim Einkauf für die Mutter ist Fritz als Bote eingesetzt.)

2. Fall: Die 17-jährige Alexandra kauft sich von ihrem ersparten Taschengeld eine Perlenkette zu 2.000,00 €. Der Vater ist mit dem Kauf nicht einverstanden. Er verlangt, dass die Perlenkette von ihr zurückgebracht wird. Der Verkäufer weigert sich, die Perlenkette zurückzunehmen. Wie ist die Rechtslage?

Alexandras Vertrag ist „schwebend unwirksam". Da der Vater gegen den Kauf ist, wird der Vertrag unwirksam. Gespartes Taschengeld in dieser Höhe fällt nicht unter die Ausnahmen.

3. Fall: Der 12-jährige Christoph hat vom Patenonkel zum Geburtstag ein Mountainbike geschenkt bekommen. Da die Eltern mit dem Patenonkel Streit haben, erklären sie: „Von deinem Patenonkel lassen wir uns nichts schenken!" Sie wollen das Fahrrad zurückgeben. Kann Christoph das Bike trotzdem behalten? (Begründung)

Ja, weil bei rechtlichen Vorteilen ein Einspruchsrecht der Eltern nicht besteht.

4. Fall: Die 16-jährige Katharina kauft sich ein Moped. Sie schließt beim Kauf auch gleich die Versicherung ab und bezahlt bar. Ist der Vertrag gültig?

Der Vertrag ist „schwebend unwirksam". Nur bei Zustimmung der Eltern ist der Vertrag rechtsgültig.

5. Fall: Die Eltern des 15-jährigen Wolfgang fordern 50,00 € der Ausbildungsvergütung, die er als Auszubildender bekommt. Dürfen die Eltern das? (Begründung)

Die Ausbildungsvergütung können die Eltern beanspruchen. Normalerweise wird sie als Taschengeld angesehen und fällt damit unter die Verfügungsgewalt des Auszubildenden.

6. Fall: Jens, der gerade 18 Jahre alt geworden ist, hat den Führerschein bestanden und kauft sich ein Auto für 10.000,00 €. Da er diese Summe nicht aufbringen kann, schließt er mit der Bank der Autofirma einen Teilzahlungsvertrag ab. Seine Eltern sind entsetzt und wollen den Kaufvertrag verhindern. Mit Erfolg?

Jens ist 18 Jahre alt und voll geschäftsfähig. Seine Unterschrift macht den Vertrag rechtsgültig. Die Eltern können nichts dagegen unternehmen.

Kapitel 2 Grundlagen des Vertragsrechts
Rechtsgeschäfte

Beschreiben Sie die Willenserklärung und das Rechtsgeschäft durch Ausfüllen der leeren Kästchen und Lücken.

Willenserklärungen kommen zustande durch

ausdrückliche Willensäußerung	blobes Handeln	Schweigen
z.B. – mündlich – schriftlich – telefonisch	z.B. – trampen – Taxi winken	z.B. – zwischen Kaufleuten in ständiger Geschäftsbeziehung = Annahme – bei Privatleuten = Ablehnung

Sie führen zu Rechtsgeschäften

Einseitige Rechtsgeschäfte

sind Willenserklärungen, die

empfangsbedürftig sind,	nicht empfangs-bedürftig sind,
z.B. Kündigung der – Mietwohnung – Arbeitsstelle	z.B. Testament

Zweiseitige Rechtsgeschäfte

sind zwei _____ inhaltlich

übereinstimmende _____ Willenserklärungen .

Sie führen zum VERTRAG

und sind

ohne Formvorschriften gültig, z.B.	mit Formvorschriften gültig, z.B.
Arbeitsvertrag Autokauf Buchkauf usw.	Ausbildungsvertrag Hauskauf Ratenkauf Haustürgeschäft

Grundlagen des Vertragsrechts
Nichtigkeit und Anfechtung

Klasse:	Datum:
Name:	

Entscheiden Sie bei den folgenden Fällen, ob sie anfechtbar (A) oder nichtig (N) sind. Geben Sie für Ihre Entscheidung jeweils eine Begründung.

Fall	A oder N	Lösung des Falls (Begründung)
1. Der 5-jährige Fritz tauscht mit einem Freund sein ferngesteuertes Auto gegen ein Taschenmesser.	N	Tauschvertrag mit Geschäftsunfähigen
2. Obwohl der Wagen einen schweren Unfall hatte, wird beim Verkauf die Zusicherung gegeben, dass der Wagen schadenfrei sei.	A	Kaufvertrag auf der Grundlage arglistiger Täuschung
3. Der Zirkusclown ruft in die Manege: „Wer sich traut, diesen Esel zu reiten, bekommt eine Million €!" Maria meldet sich.	N	Vertrag aufgrund eines offensichtlichen Scherzes
4. An der Haustür wird ein Zeitschriften-Abonnement angeboten. Frau Meier schließt einen mündlichen Vertrag über das Abonnement einer Zeitschrift.	N	Verstoß gegen die schriftliche Formvorschrift eines Haustürgeschäftes
5. In das Preisangebot eines Handwerkers hat sich ein Tippfehler eingeschlichen. Statt 1199,90 € steht dort 199,90 €. Kunde Müller besteht auf 199,90 €.	A	Vertrag auf der Grundlage eines offensichtlichen Erklärungsirrtums
6. Lehmann kauft von Schulze nicht benötigte Ware, weil der ihm droht, andernfalls dem Finanzamt zu melden, dass Lehmann Steuern hinterzogen hat.	A	Vertrag auf der Grundlage einer widerrechtlichen Drohung
7. Ein Geschäftsmann stellt einen Kassierer ein. Er erfährt erst nachträglich, dass dieser mehrfach wegen Unterschlagung vorbestraft ist.	A	Dem Arbeitsvertrag liegt ein Eigenschaftsirrtum zugrunde.
8. Herr Klein verkauft pro forma einen LKW an Herrn Groß, damit dieser LKW bei der Ermittlung der Konkursmasse nicht berücksichtigt wird.	N	Dieser Vertrag basiert auf einem Scheingeschäft.
9. Die Auszubildende A. Huber soll 20 Farbbänder für die Schreibmaschine einkaufen. Sie bestellt auf dem Bestellblock 20 Einheiten. Jede Einheit umfasst jedoch schon 10 Farbbänder, was sie nicht wusste.	A	Der Bestellung liegt ein Inhaltsirrtum zugrunde.

Grundlagen des Vertragsrechts

Abschluss und Erfüllung eines Kaufvertrages

Herr Jäger, Inhaber eines „Do-it-yourself"-Geschäftes, hat auf das Angebot der Firma Posch 20 Bohrmaschinen, Typ XY, bestellt. Mit dieser Bestellung **verpflichtet** sich Herr Jäger der Firma Posch gegenüber, die Bohrmaschinen abzunehmen und zu bezahlen, verlangt von Posch aber auch, dass die Bestellung ordnungsgemäß **erfüllt** wird. Es ist ein Vertrag zustande gekommen.

1 Wie nennt man einen solchen Vertrag?   *Kaufvertrag*

2 Durch welche übereinstimmenden Willenserklärungen ist der Vertrag zustande gekommen?

Angebot und Bestellung

3 Wie reagiert wohl die Firma Posch, wenn Herr Jäger ohne vorheriges Angebot 20 Bohrmaschinen, Typ XY, bestellt?

(Bestellung und) Auftragsbestätigung

4 Zu welcher Leistung hat sich Herr Jäger verpflichtet?

vertragsgemäße Bezahlung, Annahme der Ware

5 Welche Verpflichtung ist die Firma Posch Herrn Jäger gegenüber eingegangen?

ordnungsgemäße Lieferung, Eigentum verschaffen, Ware frei von Sach- und

Rechtsmängeln liefern

6 Tragen Sie die erarbeiteten Informationen in die folgenden Pfeile ein.

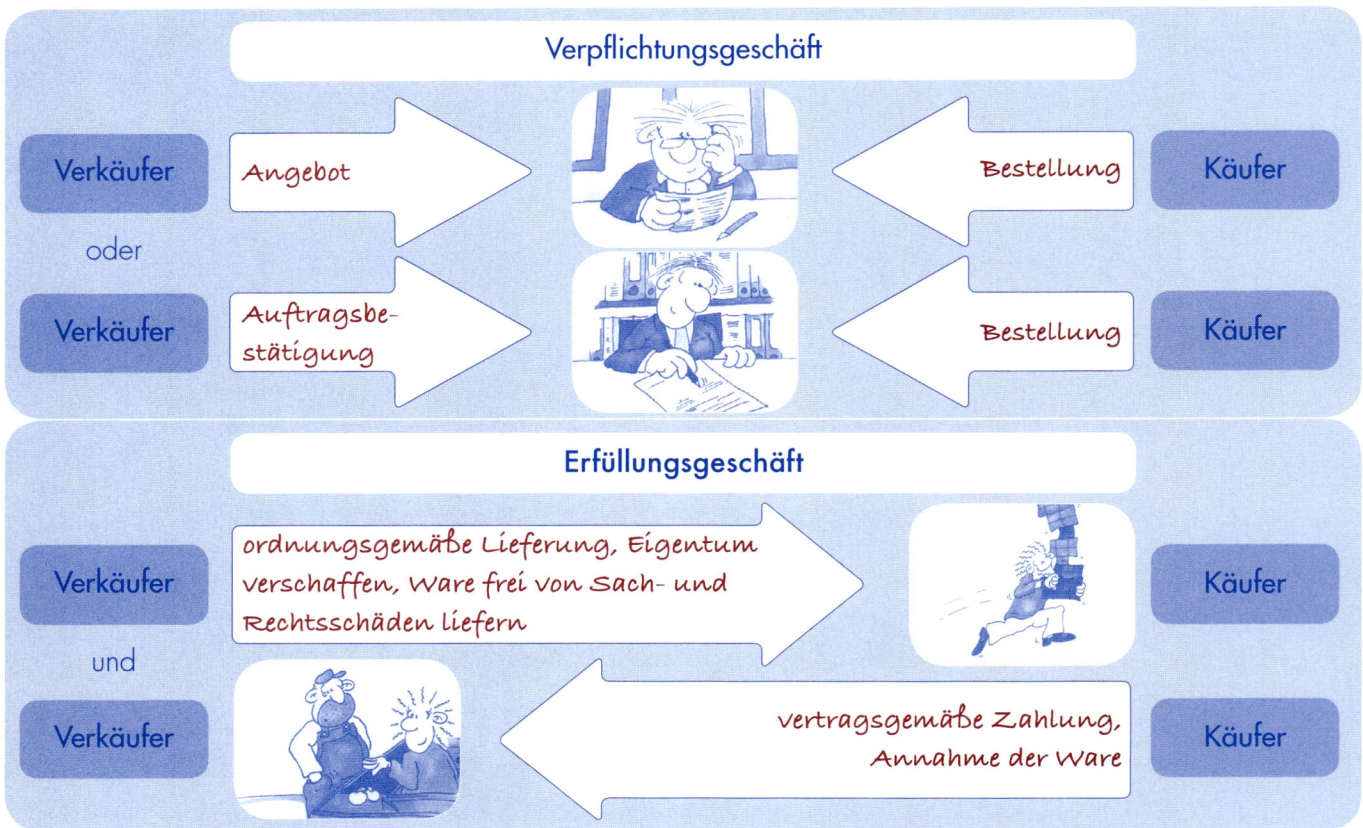

Verpflichtungsgeschäft

| Verkäufer | *Angebot* → | | ← *Bestellung* | Käufer |

oder

| Verkäufer | *Auftragsbe-stätigung* → | | ← *Bestellung* | Käufer |

Erfüllungsgeschäft

| Verkäufer | *ordnungsgemäße Lieferung, Eigentum verschaffen, Ware frei von Sach- und Rechtsschäden liefern* → | | Käufer |

und

| Verkäufer | ← *vertragsgemäße Zahlung, Annahme der Ware* | | Käufer |

Klasse:	Datum:
Name:	

Machen Sie einem Kunden ein Angebot. Es soll ein typisches Angebot aus Ihrem Berufszweig sein.

Name:	Schülername
Straße:	Straße des Schülers
PLZ, Ort:	Wohnort des Schülers

Firmenlogo

- je nach Berufsgruppe ausfüllen

Frau

Maria-Aloisia Meier

Hauptstraße 19

12345 Neustadt

Angebot

Datum:

Ich darf Ihnen folgendes Angebot machen:

Art:	Holzregal
Güte und Beschaffenheit:	farblos lackiert
	Fichtenholz 220 cm x 100 cm x 30 cm
Menge:	2 Regale
Preis:	350,00 € + 16% MwSt. pro Regal
Zahlungsbedingungen:	Zahlung innerhalb von 4 Wochen rein netto,
	3% Skonto innerhalb von 2 Wochen
Lieferbedingung:	Lieferung frei Haus nach Terminabsprache
Erfüllungsort:	Neustadt
Gerichtsstand:	Neustadt
Geschäftsbedingungen:	Es gelten die allgemeinen Geschäftsbedingungen sowie die VOB
	(Vergabe- und Vertragsordnug für Bauleistungen)

Ich würde mich freuen, wenn Ihnen dieses Angebot zusagt.

Dieses Angebot gilt einen Monat ab Ausstellungsdatum.

Mit freundlichem Gruß

Unterschrift des Schülers

Grundlagen des Vertragsrechts

Leistungsstörungen

1 Ergänzen Sie das unten stehende Schaubild.

Störungen des Kaufvertrages

| Verkäufer | ⟵ liegen beim ⟶ | Käufer |

Die Ware hat Mängel!

= Mangel der Kaufsache

Rechte des Käufers:

– Nachbesserung oder

  Ersatzlieferung,

  erst wenn sie 2x fehlerhaft:

– Rücktritt und Schadenersatz

– Minderung

Die Ware wird nicht geliefert!

= Lieferungsverzug

Rechte des Käufers:

ohne Fristsetzung:

– Erfüllung verlangen

– Schadenersatz mit Fristsetzung:

– Rücktritt vom Vertrag

– Schadenersatz

Die Ware wird nicht angenommen! =   Annahmeverzug

Rechte des Verkäufers:

– Klage auf Abnahme und

  Lagerhaltung auf Kosten

  des Kunden

– Selbsthilfeverkauf

Die Ware wird nicht bezahlt!

= Zahlungsverzug

Rechte des Verkäufers:

– Zahlung verlangen

– Zahlung und Schadenersatz

– Rücktritt vom Kaufvertrag

---

2 Beurteilen Sie folgende Fallbeispiele:

a) Der Kunde hat ein Holzregal zum 25. September dieses Jahres bestellt. Das Regal wird an diesem Tag nicht angeliefert.

Bei kalendermäßiger Fälligkeit kommt der Lieferer ohne Mahnung in Lieferverzug.

b) Eine Zimmerei hat 25 Dachsparren bestellt. Geliefert werden aber nur 20 Balken.

Es liegt ein Sachmangel vor, es wurde zu wenig geliefert. Eine Nachlieferung muss erfolgen.

c) Die Kundin ruft den Schreiner an, sie könne das Regal nicht abnehmen, da sie zurzeit leider kein Geld habe.

Ist das Regal lieferfertig, so muss die Kundin es abnehmen. Ansonsten Klage auf Abnahme oder Selbsthilfeverkauf.

1 Situation

Gespräch zwischen den Auszubildenden Andreas und Christian

Andreas: Ich hab mir beim Computer-Discounter-Versand einen neuen Laptop gekauft. Absolut spitze!

Christian: Und was für einen?

Andreas: Wart mal, auf dem Karton steht: „ABC 1363LMi AMX Sempron 3000+ (62W), 2x 256MB DDR (max. 2048), 40 GB, DVD-Dual, UniChrome Pro IGP 15,0" TFT XGA, WLAN 802.11, XPP"

Christian: Das sagt mir gar nichts. Stell ihn mal an. Was hat der für ein Betriebssystem geladen?

Andreas: Ich glaube, Windows XP.

Christian: Ist ja klasse, wo kann man ihn einschalten?

Andreas: Warte, erst muss ich das Netzteil anschließen, damit der Akku gleichzeitig aufgeladen wird.

[Sie schalten ihn ein und warten. Das Betriebssystem lädt hoch, es dauert jedoch über fünf Minuten.]

Andreas: Das geht aber lange.

Christian: Viel zu lange.

[Kurz nachdem das System hochgefahren ist, bricht es wieder zusammen.]

Christian: Das darf nicht sein. Den würde ich sofort zurückschicken.

a l Welche Möglichkeiten hat Andreas?

Er hat Anspruch auf Nacherfüllung, d.h. auf Nachbesserung oder

Ersatzlieferung. In diesem Fall wird er eine Ersatzlieferung bekommen.

b l Wer übernimmt die Versandkosten?

Der Verkäufer hat die zum Zwecke der Nacherfüllung erforderlichen

Aufwendungen, insbesondere Transport-, Wege-, Arbeits- und Materialkosten zu

tragen. (§439 (2) BGB)

c l Ein neuer Laptop wird an Andreas geschickt. Das Gerät zeigt jedoch das gleiche Problem wie der erste. Andreas ist sehr enttäuscht, jetzt will er sein Geld zurück - und zwar sofort. Welche rechtlichen Möglichkeiten hat Andreas nun?

Andreas muss dem Verkäufer zwei Nacherfüllungsmöglichkeiten geben. Der

Verkäufer muss das Gerät erneut gegen einen (einwandfreien) Computer

umtauschen.

d l So viel Pech ist kaum vorstellbar: Andreas neuer Laptop ist wiederum defekt! Der junge Mann ist verzweifelt und versteht die Welt nicht mehr. Was soll er jetzt tun? Welche rechtlichen Empfehlungen würden Sie Andreas jetzt geben?

Er hat drei Möglichkeiten:

- vom Vertrag zurücktreten und das Geld zurückfordern

- eine Minderung des Kaufpreises verlangen (hier sicherlich nicht sinnvoll)

- einen Schadenersatz verlangen, falls Andreas nachweislich ein Schaden

entstanden ist

2 Schreiben Sie eine Mängelrüge in Form eines geschäftlichen Briefs (nach den Gestaltungsregeln der DIN 5008) mit diesen Angaben und fügen Sie ihn unten ein.

- am 31. März des Jahres
- mit folgendem Absender: Andreas Hoffmann, Hauptstr. 125, 56479 Neustadt
- an folgende Adresse: Computer-Discount-Versand, Adenauerstr.17, 50996 Köln.
- Der Laptop wurde am 24. März geliefert.

Andreas Hoffmann
Hauptstr. 125
56479 Neustadt   Neustadt, 20..-03-31

Computer-Discount-Versand
Adenauerstr. 17
50996 Köln

Mängelrüge
Ihre Lieferung eines Laptops ABC 1363Lmi vom 24.03. 20..

Sehr geehrte Damen und Herren,

am 15. März 20.. lieferten Sie mir einen Laptop ABC 1363Lmi. Leider musste ich feststellen, dass dieser Laptop im Betriebssystem einen erheblichen Fehler aufwies. Das Hochladen des Programms dauert ca. fünf Minuten. Nach zwei Minuten bricht das Programm wieder zusammen. Erneutes Hochladen führt immer wieder zum gleichen Ergebnis.

Dieses Paket mit dem defekten Laptop schicke ich Ihnen unfrei, da Sie zum Zwecke der Nacherfüllung alle erforderlichen Aufwendungen, insbesondere Transport-, Wege-, Arbeits- und Materialkosten, selbst tragen müssen (§ 439 (2) BGB).

Ich möchte Sie bitten, mir bis zum 22. April diesen Jahres den neuen fehlerfreien Laptop zu übersenden.

Damit ich Sie auch in Zukunft weiterempfehlen kann, erwarte ich Ihre problemlose Neuzusendung.

Mit freundlichen Grüßen

A. Hoffmann

Klasse: | Datum:

Name:

1 Aus einem Zeitungsbericht:

> „Wenn wir am 31. Dezember um Mitternacht auf das neue Jahr anstoßen, müssen Tausende von Gläubigern ihre Forderungen in den Schornstein schreiben, und Tausende von Schuldnern werden auf einen Schlag ihre Schulden los."

a) Warum ist es sinnvoll, dass für bestimmte Forderungen verkürzte Verjährungsfristen gelten?

Aus Gründen der Rechtssicherheit: Je länger eine Forderung zurückliegt, desto schwieriger ist es, die Berechtigung zu beweisen bzw. zu widerlegen.

b) Mit welchen Maßnahmen kann sich der Gläubiger gegen die Verjährung seiner Forderungen schützen?

Der Gläubiger kann die Verjährungsfrist durch Hemmung (z. B. Mahnbescheid) oder Neubeginn (z. B. Stundung) verlängern.

2 Kreuzen Sie an, wie lange die Verjährungsfrist im jeweiligen Fall ist.

Art des Anspruchs	Jahre			
	2	3	5	30
Mietforderung von Herrn Gerlach gegenüber der Mieterin Karin Keller		X		
Gewährleistung für Mängel an einem Haus			X	
Preisnachlass aufgrund mangelhafter Warenlieferung	X			
Vollstreckbarer Titel aufgrund einer Klage				X
Rechnung des Malermeisters Behringer für Tapezieren von Karin Kellers bisheriger Wohnung		X		
Rechnung des Malergroßeinkaufs für die Lieferung von Tapetenrollen an Behringer		X		
Rückforderung eines Geldbetrages, den Karin Keller ihrem Bekannten geliehen hat				X
Gewährleistung nach Kauf eines Autos	X			

3 Karin Keller ist mit der Möbelspedition Möbius umgezogen. Die Umzugskosten betrugen 400,00 €.

Geben Sie an, wann die Forderung der Spedition gegenüber Karin Keller verjährt ist, und begründen Sie Ihre Überlegungen für jede Änderung des Sachverhaltes.

a) Die Rechnung der Spedition wurde am 30. November 2004 ausgestellt.

Verjährungsfrist beträgt 3 Jahre
Beginn: 31. Dezember 2004
Ende: 31. Dezember 2007

b) Da Karin Keller trotz außergerichtlicher Mahnungen nicht zahlt, beantragt die Spedition am 15. Februar 2005 einen gerichtlichen Mahnbescheid.

Mahnbescheid hemmt die Verjährung, d. h., sie wird unterbrochen, bis man sich einigt oder der eine oder andere Teil die Fortsetzung der Verhandlung verweigert.

c) Karin Keller reagiert zunächst nicht auf den Mahnbescheid, leistet aber am 5. März 2005 eine Teilzahlung von 100,00 €.

Teilzahlung bedeutet Neubeginn der Verjährung:
Beginn: 5. März 2005
Ende: 5. März 2008

d) Am 30. März bittet Karin Keller um Stundung des Restbetrages bis Ende August, da sie in Zahlungsschwierigkeiten ist. (Die Spedition ist gegen Zahlung von 10 % Zinsen damit einverstanden.)

Wiederum Neubeginn der Verjährung:
Beginn: 30. März 2005
Ende: 30. März 2008

ANKREUZTEST (jeweils eine Antwort ist richtig):

a) Ein Schuldner hat nach Androhung gerichtlicher Schritte eine Teilzahlung geleistet. Welchen Einfluss hat dies auf die Verjährung?

○ Die Verjährung beträgt jetzt 30 Jahre.

○ Die Forderung kann nicht mehr verjähren.

⊗ Neubeginn der Verjährung.

○ Die Verjährung wird unterbrochen.

○ Die Teilzahlung hat keinen Einfluss auf die Verjährung.

b) Welche Behauptung zum Neubeginn bzw. Hemmung ist richtig?

○ Bei einem Neubeginn verkürzt sich die Verjährungsfrist um die Zeit der Hemmung.

○ Bei der Hemmung verkürzt sich die Verjährungsfrist um die Zeit der Hemmung.

⊗ Bei einer Hemmung verlängert sich die Verjährungsfrist um die Zeit der Hemmung.

○ Bei einem Neubeginn verlängert sich die Verjährungsfrist um die Zeit der Unterbrechung.

○ Bei der Hemmung beginnt die Verjährungsfrist von neuem zu laufen.

Verbraucherbewusstes Verhalten
Verbraucherberatung

Situation

Seit Sandra Steffens nicht mehr bei ihren Eltern wohnt, muss sie sich neben ihrem Job auch noch um ihren kleinen Haushalt kümmern. Bei ihren Einkäufen – ob für den täglichen Bedarf oder bei größeren Anschaffungen – hat sie gemerkt, dass sie meist nicht genügend Zeit hat, Preise und Qualität der verschiedenen Produkte zu vergleichen. Oft fühlt sie sich durch das übergroße Angebot erschlagen und greift zu Produkten, die sie gerade in der Werbung gesehen hat.

1 Begründen Sie, warum die Kunden gegenüber den Herstellern/Anbietern meistens eine schlechte Position haben.

- unübersichtliche Produktvielfalt

- fehlende Kenntnisse zur Beurteilung des Produkts

  (Zusammensetzung, Qualität)

- Werbung trägt eher zur Verwirrung als zur Aufklärung bei

- mangelnde Zeit, sich über die Breite des Angebots zu informieren

2 Nennen Sie Organisationen und Medien, bei denen Sie sich vor einem Kauf informieren können und suchen Sie diese im Internet.

- Verbraucherzentrale (Bundesverband: www.vzbv.de)

- Stiftung Warentest (www.stiftung-warentest.de)

- Verbrauchermagazine im Rundfunk, Fernsehen, Internet

  (z.B. www.ard.de/ratgeber, www.zdf.de -> Suche nach WISO)

- Pressemitteilungen/Broschüren der Bundesregierung und der Ministerien

  (z.B. www.bundespresseamt.de -> Suche über die Sitemap)

3 Für die tägliche Körperpflege sucht Sandra eine Tagescreme und findet bei der Stiftung Warentest eine Testtabelle zu Naturkosmetika: (Siehe Tabelle nächste Seite)

a) Wie beurteilen Sie die herangezogenen Qualitätskriterien und ihre Gewichtung (Prozentangaben)?

Die wichtigsten Kriterien für eine Hautcreme sind sicherlich die erwünschte

Wirkung und die Hautverträglichkeit. Beide zusammen machen hier 70% aus,

was vielleicht etwas niedrig angesetzt ist. Die Gewichtung der Verpackung ist

dagegen mit 20% relativ hoch angesetzt.

b) Welches Produkt sollte Sandra aus Qualitäts- und Preisgründen kaufen?

Wenn Sandra auf ein reines Naturprodukt Wert legt, müsste sie die Weleda

Iris-Feuchtigkeits-Creme kaufen; allerdings ist diese mit 2,33 € /10 ml die

teuerste Creme. Bei den Cremes, die teilweise synthetische Stoffe enthalten, ist die

Biologica Karotten Creme mit 0,50 € /10 ml am preisgünstigsten.

Tagescremes	aus Naturstoffen				aus Natur- und synthetischen Stoffen					
	Weleda Iris-Feuchtigkeitscreme	I & M Naturpflege Karotten Creme	Logona Rosen Weizenkeim Feuchtigkeitscreme	Laverna N Feuchtigkeitscreme Calendula	Apotherker Scheller Quitten Feuchtigkeitscreme	Biologica Karotten Creme	Hildegard Braukamm Vitamin Feuchtigkeitscreme	Claire Fischer Kamillen Creme	Ellen Betrix Kräuter Creme	Yves Rocher Hydra Végétal Créme Feuchtigkeitsstufe 2
Lt. Anbieter empfohlen für	alle Hauttypen	jede Haut	trockene Haut	normale und Mischhaut	feuchtigkeitsarme Haut	alle Hauttypen	jeder Hauttyp.	trockene Haut	trockene Haut	trockene Haut
Preis in € ca./Inhalt in ml	2,50/10 7,00/30	8,75/50	8,00/50	7,50/50	8,00/100	5,00/100	6,75/50	9,50/75	9,50/50	11,50/10
Preis für 10 ml in € ca.	2,33	1,75	1,60	1,50	0,80	0,50	1,35	1,27	1,90	2,88
test-QUALITÄTSURTEIL	GUT	ZUFRIEDEN STELLEND	ZUFRIEDEN STELLEND	MANGELHAFT	GUT	GUT	GUT	ZUFRIEDEN STELLEND	ZUFRIEDEN STELLEND	ZUFRIEDEN STELLEND
KOSMETISCHE BEURTEILUNG 50%	gut	zufrieden st.	zufrieden st.	mangelhaft	gut	gut	gut	gut	gut	gut
Feuchtigkeitsanreicherung	+	0	0	-	+	0	+	0	++	+
Verminderung der Hautrauigkeit	+	0	+	-	++	+	+	+	+	+
Anwendung	+	+	0	0	+	+	+	+	+	0
HAUTVERTRÄGLICHKEIT 20%	gut	gut	gut	zufrieden st.	gut	gut	gut	gut	gut	gut
Probandentest	+	+	+	0	+	+	+	+	+	+
Hautgleichgewicht	++	++	++	++	++	++	++	++	++	++
VERPACKUNG 20%	gut	zufrieden st.	gut	gut	zufrieden st.	zufrieden st.	zufrieden st.	mangelhaft	mangelhaft	mangelhaft
Deklaration der Inhaltsstoffe	+	+	+	+	+	-	-	+	+	-
Zweckmäßigkeit	+	+	+	+	0	+	+	+	+	0
Abfallbelastung	+	0	+	+	0	+	+	-	-	-
MIKROBIOLOGISCHE PRÜFUNG 10%	sehr gut	sehr gut	sehr gut	zufrieden st.	sehr gut	sehr gut	sehr gut	sehr gut	sehr gut	sehr gut

c] Wie würden Sie sich entscheiden: Das beste oder das billigste Produkt kaufen?

Generell sollte man sich für das beste Preis-Leistungs-Verhältnis entscheiden, d.h., dass man sich zum Beispiel auch für das zweitbeste Produkt entscheiden sollte, wenn der Preis entsprechend günstig ist.

d] Welche Aufgaben hat die Stiftung Warentest ganz allgemein?

– vergleichende Warentests

– Verbraucheraufklärung

– Marktübersicht über bestimmte Produktgruppen (Markttransparenz)

e] Welche Wirkung wird ein (positives oder negatives) Testurteil wohl bei den Verbrauchern, Händlern und Herstellern haben?

– Verbraucher greifen lieber zu einem Produkt, das ein gutes Testurteil bekommen hat.

– Händler werden mit einem guten Testurteil Werbung betreiben.

– Hersteller gehen gegen negative Urteile oft juristisch vor (meist ohne Erfolg) oder verändern das Produkt in Qualität und/oder Aufmachung

Stiftung Warentest

Tester dürfen Hautcreme weiter als „mangelhaft" bezeichnen

Nach dem Berliner Urteil darf die Stiftung Warentest die Schönheitspflege der Schauspielerin Uschi Glas mit richterlichem Segen weiterhin als „mangelhaft" bezeichnen; es gebe keinen Unterlassungsanspruch für die Firma, die die Creme über einen Fernsehsender vertreibt.

Die gerade 40 Jahre alt gewordene Stiftung Warentest behält damit erneut die Oberhand. Noch nie ist sie zu Schadenersatz verurteilt worden – und das, obwohl in 5.200 Tests bereits 72.000 Waren und Dienstleistungen getestet wurden.

4 Sandra wollte ihren Anorak von der Reinigung abholen. Sie musste feststellen, dass das beige Innenfutter auf die weiße Jacke abgefärbt hatte. Wo kann Sandra sich zu diesem Fall beraten lassen?

In erster Linie sollte sie mit der Reinigung selber verhandeln. Wenn es bei diesem Gespräch nicht zu einer gütlichen Einigung kommt, sollte Sandra sich an eine Verbraucherberatungsstelle wenden. Dort kann sie sich über ihre rechtlichen Möglichkeiten (Reklamation) beraten lassen.

Kapitel 3

Arbeitsblatt zu „Wirtschaft heute" von Crone/Kühn

Verbraucherbewusstes Verhalten

Warenkennzeichnung

Klasse:	Datum:
Name:	

Situation

Damit Sandra Steffens (und natürlich alle Verbraucher) bei Lebensmitteln nicht die „Katze im Sack" kauft, muss der Hersteller nach der Lebensmittelkennzeichnungsverordnung auf der Verpackung bestimmte Angaben machen.

1 Um welche Angaben handelt es sich bei dem folgenden Etikett im Einzelnen?

① Name des Produktes, handelsübliche Bezeichnung

② Verzeichnis der Zutaten in der Reihenfolge des Mengenanteils nach QUID

③ Herstellerfirma mit Anschrift

④ Gesamtgewicht/Füllmenge nach deutschem Maß

⑤ Haltbarkeitsdatum bei ordnungsgemäßer Lagerung

⑥ EAN-Code (Europäische Artikel-Nummer)

2 Die Zusatzstoffe sind häufig mit E-Nummern verschlüsselt. Suchen Sie im Internet mithilfe einer deutschen Suchmaschine unter dem Schlagwort „E-Nummer", „Lebensmittelzusatzstoffe" oder „Konservierungs-stoffe" nach deren Bedeutung (es gibt mehrere kommentierte Listen). Prüfen Sie auf diese Weise, ob gesundheitlich bedenkliche Zusatzstoffe in dem obigen Produkt enthalten sind.

Zum Beispiel gelten die im obigen Produkt verwendeten Zutaten E471 und

E472e (natürliche Emulgatoren) als gesundheitlich unbedenklich!

3 Holen Sie sich aus dem Internet Informationen zur „Europäischen Artikelnummer" (Schlagwort „EAN") und stellen Sie fest, was in diesem Barcode verschlüsselt ist.

– Zum Beispiel sind die ersten Ziffern 40–44 für Deutschland reserviert.

– Anschließend folgen die Betriebsnummer und die eigentliche Artikel-nummer.

– Die letzte Ziffer ist eine Prüfziffer (wenn an der Scanner-Kasse der Barcode falsch gelesen wird, piept es, und der Lesevorgang muss wiederholt werden).

– Anmerkung: Der Preis der Ware ist nicht in der EAN verschlüsselt, sondern muss aus einer angeschlossenen Artikeldatei geholt werden.

4 Um welche Art von Zeichen handelt es sich bei den folgenden Beispielen?
Nutzen Sie die angegebenen Internetadressen oder eine gute Metasuchmaschine (z.B. MetaGer).
Zusammenfassungen finden Sie z.B. unter 🌐 **www.guetesiegel.de, www.ral.de, www.label-online.de**

	GS	Blauer Engel	CE	DIN
Zeichen				
Bezeichnung	Geprüfte Sicherheit	„Blauer Engel"	CE-Zeichen	DIN-Zeichen
Herausgeber	TÜV, DEKRA, VDE-Stellen Berufsgenossenschaften und andere Prüfstellen	Umweltbundesamt in Zusammenarbeit mit RAL	EU-Richtlinie	Deutsches Institut für Normung Berlin
Kategorie	Prüfzeichen (seit 1977)	Umweltzeichen (seit 1978)	Sicherheitszeichen (seit 1993)	Normung (seit 1917)
Bedeutung	Die geprüften Produkte erfüllen die vorgeschriebenen Anforderungen des Geräte- und Produktsicherheitsgesetzes (GPSG).	Ausgezeichnete Produkte sind umweltverträglicher und gesundheitlich unbedenklicher als vergleichbare Produkte. Wissenschaftliche Fundierung und transparentes Vergabeverfahren	Durch dieses Zeichen soll ein Mindestmaß an Sicherheit und Gesundheitsschutz garantiert werden. Gilt in der gesamten EU, begnügt sich aber mit einem minimalen Standard.	Es gibt über 20.000 DIN-Normen, die viele Sachverhalte des technischen und wirtschaftlichen Lebens regeln. Dies hat große Vorteile für Hersteller und Kunden.
Überprüfung Zulassung	Darf nur angebracht werden, wenn eine unabhängige Organisation (s.o.) das Produkt geprüft hat.	unabhängige „Jury Umweltzeichen", Kontrolle durch Dt. Institut für Gütesicherung	Anbringung ohne Prüfung erlaubt; Händler/Hersteller verpflichten sich aber, die Richtlinien einzuhalten.	DIN-Normen werden freiwillig eingehalten. Eine Überprüfung durch unabhängige Instanzen findet nicht statt.
Internet	z.B. www.lga.de	www.blauer-engel.de	www.ce-zeichen.de	www.din.de

Kapitel 3

Verbraucherbewusstes Verhalten

UWG, AGB

1 Situation

Bei einem Einkaufsbummel wird Sandra Steffens in einem Kaufhaus in vielfältiger Weise umworben. Prüfen Sie mithilfe der Gesetze zum Schutz des Wettbewerbs (UWG, GWB und Preisangabenverordnung), ob die folgenden Werbemaßnahmen zulässig sind:

a l Über Lautsprecher erfährt Sandra, dass das Kaufhaus im nächsten Monat das zehnjährige Jubiläum feiert und aus diesem Anlass auf alle Waren 10 % Rabatt gewährt.

Nach dem neuen UWG gibt es für Jubiläumsverkäufe keine Einschränkungen mehr, z.B. ist ein Jubiläumsverkauf auch schon nach einem Jahr möglich und kann auch einen ganzen Monat dauern. Die Einschränkung auf eine einzelne Ware oder Warengruppe muss in der Werbung deutlich herausgestellt werden.

b l Als sie nach der Anprobe eines Mantels (Kaufpreis 210,00 €) noch unschlüssig ist, wird ihr von der Verkäuferin ein passender Schal zum halben Preis (ursprünglicher Preis 40,00 €) angeboten.

Da die Zugabeverordnung aufgehoben wurde, kann dies nur noch nach § 1 UWG beurteilt werden. Wenn keine allgemeine Werbung damit gemacht wird, ist diese Zugabe durchaus zulässig und nicht zu hoch (entspricht ca. 10 %).

c l In der Schreibwarenabteilung möchte sich Sandra einen Schreibblock kaufen. Auf einer Werbetafel sieht sie, dass sie 10 Blocks zum Preis von 9 kaufen kann.

Das Rabattgesetz ist ebenfalls aufgehoben. So genannte „Ware im Pack" ist zulässig und üblich.

d l Bei ihrem Bummel durch die Multi-Media-Abteilung fällt ihr ein Preisschild für ein Handy für 1,00 € auf. Sollte sie da nicht zugreifen? In der klein gedruckten Fußnote ist der Abschluss eines 2-Jahres-Vertrages vorgeschrieben.

Lt. Rechtsprechung des BGH (Bundesgerichtshof) ist ein derartiges Kopplungs-geschäft nur zulässig, wenn gleichzeitig klar und deutlich auf den damit verbundenen Netzkartenvertrag (inklusive der Kosten) hingewiesen wird.

e l Auf einem Plakat in dieser Abteilung liest Sandra den Werbetext zu einem CD-Player: „Ein Preisvergleich mit der gegenüberliegenden Konkurrenz lohnt sich nicht; wir sind 50,00 € billiger!"

Die vergleichende Werbung ist seit der Harmonisierung mit EU-Richtlinien erlaubt, wenn die Produkte tatsächlich vergleichbar sind und die Konkurrenz und deren Waren nicht herabgesetzt werden. Im übrigen ist ein Vergleich mit dem früheren (höheren) Preis zulässig und ebenso der Vergleich mit dem vom Hersteller empfohlenen Preis.

2 Beim Kauf eines Regals für ihre neue Wohnung wundert sich Sandra über die „uralten" Geschäftsbedingungen des Möbel-Discounters:

Unsere Geschäftsbedingungen

(a) Die nachstehenden Verkaufs-, Lieferungs- und Zahlungsbedingungen liegen allen unseren Geschäften zugrunde. Abweichende Vereinbarungen oder Ergänzungen werden für uns erst durch unsere ausdrückliche schriftliche Anerkennung verbindlich.

(b) In Ergänzung unserer eigenen AGB gelten die Bedingungen unseres jeweiligen Lieferanten, und zwar auch dann, wenn sie unseren Kunden nicht bekannt sind.

(c) Unsere Angebote und Auftragsbestätigungen sind in jeder Hinsicht freibleibend. Zur Berechnung kommen die am Tage der Lieferung gültigen Preise. Nachberechnungen behalten wir uns vor.

(d) Der Kaufpreis ist unabhängig vom Eingang der Ware und unbeschadet des Rechts der Mängelrüge innerhalb von 30 Tagen ab Rechnungsdatum ohne Abzug zu zahlen. Schecks akzeptieren wir nur zahlungshalber und vorbehaltlich der Einlösung.

(e) Bei Überschreitung der Zahlungsfrist sind wir ohne weitere Mahnung berechtigt, ab Fälligkeit Verzugszinsen in Höhe des Überziehungszinssatzes unserer Hausbank zu verlangen, unbeschadet etwaiger höherer Schadensersatzansprüche.

(f) Aus Sicherheitsgründen behalten wir uns vor, bei Einbauküchen und Schränken, insbesondere mit elektrischer Installation, einmal jährlich eine Sicherheitsprüfung vor Ort vorzunehmen. Dafür stellen wir nur unsere Selbstkosten in Rechnung.

§ Sandra ist skeptisch, ob diese Bedingungen noch mit den **AGB-Bestimmungen** des BGB (§§ 305-310) übereinstimmen. Prüfen Sie jede Bedingung daraufhin und geben Sie ggf. den Paragrafen an, gegen den verstoßen wird.

a) zulässig und allgemein üblich;

b) Die AGB gelten nach § 305 (2) BGB nur, wenn der Kunde in zumutbarer Weise davon Kenntnis nehmen kann, was hier nicht gegeben sein dürfte;

c) Der Lieferer kann sich nicht generell freizeichnen, z. B. ist nach § 308 Nr. 4 ein Änderungsvorbehalt nur eingeschränkt möglich und eine kurzfristige Preisänderung ist nach § 309 (1) überhaupt nicht möglich;

d) Das Leistungsverweigerungsrecht darf nach § 309 Nr. 2 nicht ausgeschlossen oder eingeschränkt werden (wie hier bei Aufrechnung wegen mangelhafter Lieferung);

e) Die Verzugszinsen können ab Eintritt des Verzuges erhoben werden (tritt nach § 286 BGB (3) bei Geldschulden automatisch nach 30 Tagen ein), die Höhe beträgt nach § 288 GENAU 5% über dem Basiszinssatz der EZB; im übrigen kann eine zwingende gesetzliche Regelung nicht durch AGB aufgehoben werden (hier nach § 309 Nr. 4);

f) Dies ist eine überraschende Klausel, die nach § 305 c aufgrund ihrer Ungewöhnlichkeit nicht wirksam wird.

Kapitel

3

Arbeitsblatt zu „Wirtschaft heute" von Crone/Kühn

Verbraucherbewusstes Verhalten
ProdHaftGes, Verbraucherdarlehen

Klasse:	Datum:
Name:	

1 Situation

Sandra hat sich für ihre neue Wohnung zur Dekoration fürs Fenster eine kleine Lampe gekauft (hergestellt in China). Als die Flüssigkeit (es handelt sich um Duftpetroleum) aufgebraucht ist, schaut sie auf der Packung und der Beilage nach, was sie nachzufüllen habe, findet aber keinen Hinweis. Kurzentschlossen greift sie zur Spiritusflasche, die sie (für das Fondue-Rechaud) im Hause hat, und füllt die Lampe nach. Beim Anzünden kommt es zu einer heftigen Verpuffung. Sandra verbrennt sich die Arme, und die Gardine am Fenster entzündet sich, kann aber noch rechtzeitig gelöscht werden.

"?" Welche Rechte stehen Sandra nach dem **Produkthaftungsgesetz** (ProdHaftGes) zu?

Kann man die auch mit Spiritus betreiben?

§ a) Um was für eine Art von Fehler dieses Produktes handelt es sich? (§ 3 Abs. (1) ProdHaftGes)

Die Rechtsprechung unterscheidet vier Fehlerarten eines Produktes:

1. Konstruktionsfehler
2. Fabrikationsfehler
3. Instruktionsfehler
4. Produktbeobachtungsfehler (nach Einführung eines Produktes)

⊃ Hier liegt offensichtlich Fehler Nummer 3 vor, da kein Hinweis zu finden war, mit welcher Flüssigkeit die Lampe zu betreiben ist – es hätte unbedingt einer Warnung bedurft, dass die Lampe nicht mit Spiritus gefüllt werden darf.

§ b) Sandra ist eine Woche krankgeschrieben. Vom Verkäufer der Lampe verlangt sie Ersatz für die gezwungenermaßen abgesagte Urlaubsreise in Höhe von 600,00 €, Schmerzensgeld in Höhe von 1.500,00 € und Ersatz der verbrannten Gardine von 300,00 €.
Der Verkäufer weigert sich und verweist sie an den Importeur der Lampe – zu Recht? (§ 4)

Zu vertreten hat den Fehler der Hersteller (nicht der Verkäufer!) oder (wenn dieser nicht erreichbar ist) derjenige, der das Produkt importiert hat. Dies ist also zu unterscheiden von der Mängelhaftung, bei der man sich grundsätzlich an den unmittelbaren Vertragspartner wenden muss.

§ c) Verlangt Sandra die von ihr geforderten Beträge zu Recht? (§ 1, 8, 11)

– Nach § 1 haftet der Hersteller grundsätzlich für Personen- und Sachschäden. Demnach hat Sandra Anspruch auf die Erstattung der ausgefallenen Urlaubsreise und des Gardinenschadens, allerdings muss sie aufgrund § 11 ProdHaftGes 500 € selber zahlen.

– Nach § 8 (geändert durch das „Gesetz zur Änderung schadensersatzrechtlicher Vorschriften" von 2002) hat sie auch Anspruch auf Schmerzensgeld (die geforderte Höhe dürfte angesichts der Verbrennungen gerechtfertigt sein).

2 Sandra Steffens hat von ihrem Verdienst etwas Geld gespart und möchte ihre erste Wohnung ausstatten. Da ihre Ersparnisse nicht reichen, sucht sie im Internet nach günstigen Kreditkonditionen. Sie benötigt zusätzlich. 5.000,00 €, die sie in drei Jahren zurückzahlen möchte. Der aufgerufene Kreditrechner druckt ihr diese Konditionen aus:

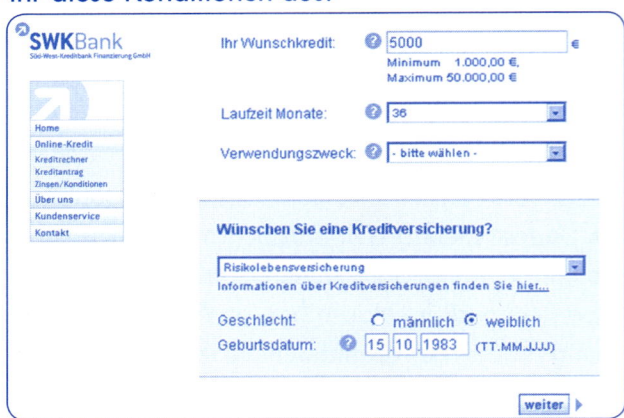
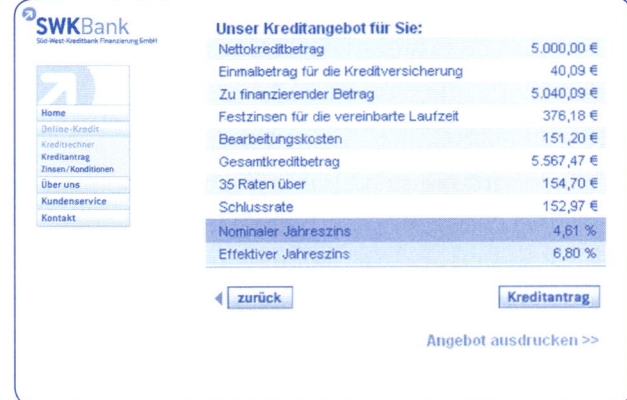

a) Prüfen Sie, ob alle Angaben nach den Bestimmungen des BGB zum **Verbraucherdarlehen** (§ 491-495) für den Abschluss eines Kreditvertrags richtig und vollständig geregelt sind.

Nach § 492 Abs. (1) Nr. 1 BGB sind die notwendigen Angaben zu den Ziffern 1-6 vorhanden. In der anschließenden Bonitätsprüfung werden auch die zu stellenden Sicherheiten vereinbart; in diesem Fall ist sicher eine Lohn- und Gehaltsbescheinigung der letzten drei Monate ausreichend.

b) Wie ist zu erklären, dass der effektive Jahreszinssatz mit 6,8 % erheblich über dem nominellen Zinssatz von 4,61 % liegt?

Die 4,61 % jährlich beziehen sich auf den vereinbarten Kreditbetrag. Tatsächlich vermindert sich dieser aber laufend durch die Tilgungszahlungen. Im Effektivzinssatz sind außer den Zinsen alle Nebenkosten des Kredits (hier z.B. die Bearbeitungskosten) eingerechnet und auf die Laufzeit des Kredits umgelegt.

c) Zwecks Absicherung des Kredits möchte die Bank zusätzlich, dass Sandras Vater (Bruttoverdienst 2.4000,00 € mtl.) eine selbstschuldnerische Bürgschaftserklärung unterschreibt. Erklären Sie diese Art der Sicherheit und die Abwicklung.

Bei der Bürgschaft verpflichtet sich der Bürge, die Rückzahlung des Kredits zu übernehmen, wenn der Kreditnehmer ausfällt. Selbstschuldnerisch ist die Bürgschaft dann, wenn der Bürge schon bei Tilgungsrückständen haftet, ohne dass die Bank ein Klageverfahren gegen den Kreditnehmer eingeleitet haben muss; der Bürge haftet also wie der Kreditnehmer selber (daher der Name).

d) Könnte auch Sandras Freund (Ausbildungsvergütung 420,00 €) für sie bürgen?
Auch Sandras Freund kann im Prinzip Bürge sein (es kommt nicht auf das Verwandtschaftsverhältnis an). Es darf aber kein Missverhältnis zwischen dem Verdienst des Bürgen und der eventuell zu übernehmenden Rückzahlungsverpflichtung bestehen. Außerdem: Was passiert, wenn die Beziehung zwischen Sandra und dem Freund in die Brüche geht?

Verbraucherbewusstes Verhalten
Haustürgeschäfte, Fernabsatz (1)

1 Situation

Sandra hat es eilig zur Arbeit, als ein Herr Dilger bei ihr anruft. Er möchte ihr einen außergewöhnlichen Staubsauger für ihre neue Wohnung vorführen. Da sich Sandra ohnehin einen Staubsauger zulegen möchte bzw. um den Herrn vorerst „abzuwimmeln", stimmt Sandra zu, dass er ihr den Staubsauger am Abend in ihrer Wohnung vorführt. Sandra ist schließlich auch begeistert von diesem neuen Modell. Zwar kommt ihr der Preis von 325,00 € recht hoch vor, aber sie lässt sich dazu überreden, den Kaufvertrag zu unterschreiben.

Als Sandra drei Wochen später durch die Elektroabteilung eines Kaufhauses schlendert, entdeckt sie mit Entsetzen, dass das gleiche Modell dort nur 195,00 € kostet. Zuhause verfasst sie sogleich einen Brief, um den Kaufvertrag zu widerrufen und wirft den Brief in den Briefkasten ein.

§ Prüfen Sie den Sachverhalt anhand der Bestimmungen des BGB zum **Haustürwiderruf** (§ 312 BGB).

a I In welchen Situationen findet dieses Gesetz Anwendung?

Bei Verkaufsanbahnung an der Haustür, am Arbeitsplatz, auf Straßen und Plätzen und bei Werbeveranstaltungen („Kaffeefahrten"), aber auch in Hotels.

b I Welche Vorschrift wurde in diesem Fall offensichtlich nicht eingehalten?

Sandra hätte schriftlich auf ihr Widerrufsrecht hingewiesen werden müssen. Sie hätte dieses mit einer zweiten Unterschrift bestätigen müssen.

c I Wie lange kann Sandra demnach ihre Bestellung nun widerrufen?

Aufgrund des fehlenden Hinweises auf das Widerspruchsrecht (mit zusätzlicher zweiter Unterschrift) hat Sandra einen Monat nach Abschluss des Kaufvertrags bzw. nach Lieferung des Staubsaugers Zeit, zu widersprechen.

d I Wie kann Sandra erreichen, dass sie ihren Widerruf später nachweisen kann?

Sie sollte sich eine Kopie des Widerrufs anfertigen und ihn per Einschreiben mit Rückschein verschicken.

"?" e I Überlegen Sie, warum der Gesetzgeber diese Vorschriften erlassen hat.

Kunden können in Situationen wie im obigen Sachverhalt leicht überrumpelt werden. Sie sind im Allgemeinen nicht auf die Situation vorbereitet, trauen sich nicht abzulehnen oder fühlen sich (moralisch) verpflichtet.

2 Sandra Steffens hat sich für ihren nächsten Urlaub in einem Internetshop einen Rucksack bestellt.

a| Ist es angesichts der Tatsache, dass die Hälfte aller Internetnutzer es ablehnen in einem Online-Shop einzukaufen, von Sandra besonders mutig den Rucksack im Internet zu bestellen? Welche Risiken geht sie gegebenenfalls ein?

Sandra muss sich in der Tat darauf verlassen, dass ihr die Ware tatsächlich zugeschickt wird. Im vorliegenden Fall zahlt sie die Ware aber erst nach Erhalt (auf Rechnung). Wenn ihr die Ware nicht gefällt, kann sie den Vertrag innerhalb von zwei Wochen widerrufen und die Ware zurücksenden. (Falls sie nicht auf das Widerrufsrecht hingewiesen wurde, beträgt die Frist sogar ein halbes Jahr.)

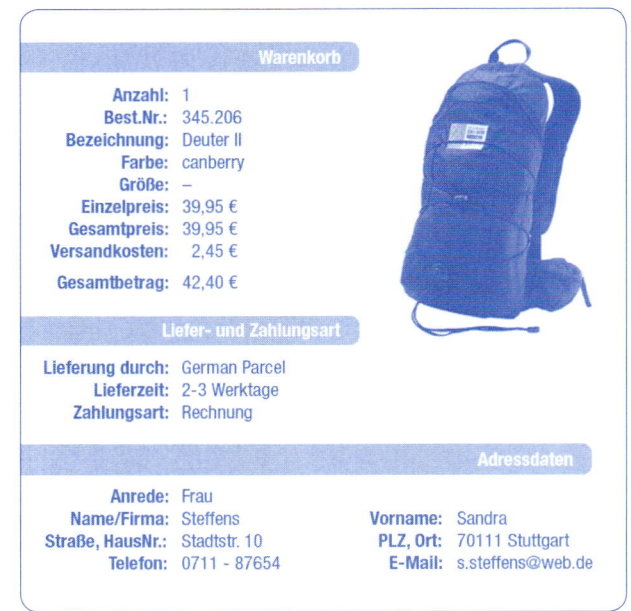

Warenkorb

Anzahl: 1
Best.Nr.: 345.206
Bezeichnung: Deuter II
Farbe: canberry
Größe: –
Einzelpreis: 39,95 €
Gesamtpreis: 39,95 €
Versandkosten: 2,45 €

Gesamtbetrag: 42,40 €

Liefer- und Zahlungsart

Lieferung durch: German Parcel
Lieferzeit: 2-3 Werktage
Zahlungsart: Rechnung

Adressdaten

Anrede: Frau
Name/Firma: Steffens
Straße, HausNr.: Stadtstr. 10
Telefon: 0711 - 87654

Vorname: Sandra
PLZ, Ort: 70111 Stuttgart
E-Mail: s.steffens@web.de

b| Welche Angaben sollten in einem Internet-Shop mindestens zu finden sein, um sicher zu sein, dass es sich um ein seriöses Angebot handelt?

- genaue Anschrift des Händlers
- Informationen über Rückgabe- und
  Widerrufsrecht

- ausführliche Produktbeschreibung
- Preisangaben inklusive Mehrwertsteuer
- Angabe der Liefer- und Versandkosten

c| Welche Vorteile und welche Nachteile hat das Online-Shopping gegenüber dem Kauf in einem Fachgeschäft in der Nähe?

Vorteile	Nachteile
- Bestellung von zu Hause aus rund um die Uhr	- Man kann sich die Ware nicht genau anschauen und Kleidung z.B. nicht anprobieren
- Keine Anfahrtswege zu einem Geschäft, kein Parkplatzproblem	- Problematisch, wenn Ware erst zugesandt wird, nachdem sie bezahlt wurde (sonst üblich: erst die Ware, dann das Geld)
- Gute Möglichkeiten zum Preisvergleich, Suchfunktionen helfen beim Finden	- Umständlich, wenn Ware nicht gefällt (Rücksendung), evtl. mit Extrakosten verbunden
- Lieferung ins Haus	- Möglichkeit des Missbrauchs der Daten, insbesondere von Konten und Kreditkarten
- 2 Wochen Widerspruch- bzw. Rückgaberecht	
- Man kann Produkte aus dem In- und Ausland kaufen, die in der eigenen Umgebung nicht erhältlich sind	

Kapitel

3

Arbeitsblatt zu „Wirtschaft heute" von Crone/Kühn

Verbraucherbewusstes Verhalten
Fernabsatz (2)

Klasse:	Datum:
Name:	

d) Bevor Sandra ihre obige Bestellung abschicken kann, muss sie noch zwei Optionen anklicken:

☐   Die AGB habe ich gelesen und bin damit einverstanden.

☐   Ich bin damit einverstanden, dass Sie mich weiterhin per E-Mail über besondere Angebote informieren und meine Daten an befreundete Firmen weitergeben.

"?" *Sollte Sandra diese Optionen anklicken?*

I.d.R. müssen die Allgemeinen Geschäftsbedingungen (AGB) akzeptiert werden, sonst kann der Bestellvorgang nicht abgeschlossen werden. In den AGB ist meist auch das Widerrufrecht ausführlich erklärt, sowie die Versandbedingungen und -kosten. Die zweite Option sollte Sie nicht anklicken, aus Datenschutzgründen.

e) Da Sandra der zugesandte Rucksack doch nicht gefällt, schickt sie ihn zurück. Zu ihrer Bestürzung muss sie aber feststellen, dass ihr 15,00 € Stornogebühren in Rechnung gestellt werden. Hat sie da doch etwas übersehen? Prüfen Sie die Rechtmäßigkeit dieser Forderung.

Da der Bestellwert (einschließlich der Versandkosten) über 40,00 € liegt, braucht Sandra keine Rücksendekosten zu übernehmen (§ 357 Abs. 2). Diese gesetzliche Regelung darf selbstverständlich nicht durch die Erhebung von Stornogebühren umgangen werden. Sandra braucht nicht zu zahlen.

3   *Prüfen Sie anhand des § 312 b-d BGB, ob in den folgenden Fällen ein Vertragsabschluss nach dem Fernabsatzrecht vorliegt.*

Sachverhalt	Fernabsatz Ja	Fernabsatz Nein	Begründung
Sandra bestellt für ihren Arbeitgeber FlorPrima Büromaterial in einem Internetshop.		✕	Das Fernabsatzrecht gilt nur, wenn eine Seite Verbraucher im Sinne des BGB § 13 (1) ist, Sandra bestellt aber für das Geschäft.
Sandra bestellt für sich beim „Otto-Versand" eine schicke Bluse mit einer Bestellkarte.	✕		Auch die Postkarte ist ein Fernkommunikationsmittel, genau wie Brief, Telefon, Fax, Internet und SMS (§ 312 b Abs.1).
Sandras Freund bestellt beim Pizzaservice der Stadt zwei Pizzas.		✕	Eine Pizzeria hat kein für den Fernabsatz organisiertes Vertriebssystem und Lebensmittel sind ausgenommen (§ 312 b).
Sandra bestellt sich im Internetshop „Modern Music" eine CD ihrer Lieblingsband.	✕		Es liegt ein Fernabsatz vor, aber Achtung: wenn Sandra die Versiegelung der CD öffnet, verfällt das Rückgaberecht (§ 312 d).

Verbraucherbewusstes Verhalten
Folgen von Zahlungsverzug (1)

1 Situation

Sandra Steffens ist nach ihrer Ausbildung als Floristin übernommen worden und hat sich nun eine größere Wohnung gesucht. Die bisherige Wohnung hat sie am 31. Mai ordnungsgemäß übergeben und müsste jetzt von ihrem ehemaligen Vermieter Herrn Gerlach die Kaution in Höhe von 500,00 € einschließlich der Zinsen zurückerhalten.

a) Als der Betrag am 15. Juni immer noch nicht bei Sandra Steffens eingegangen ist, schreibt sie in höflicher Form eine Zahlungserinnerung an Herrn Gerlach. Formulieren Sie diese Zahlungserinnerung in Kurzform:

b) Die Zahlung ist auch am 30. Juni noch nicht erfolgt. Jetzt schreibt Sandra Steffens einen energisch formulierten Mahnbrief mit der Androhung von gerichtlichen Schritten bei weiterer Zahlungsverweigerung. Formulieren Sie auch diesen Brief in Kurzform:

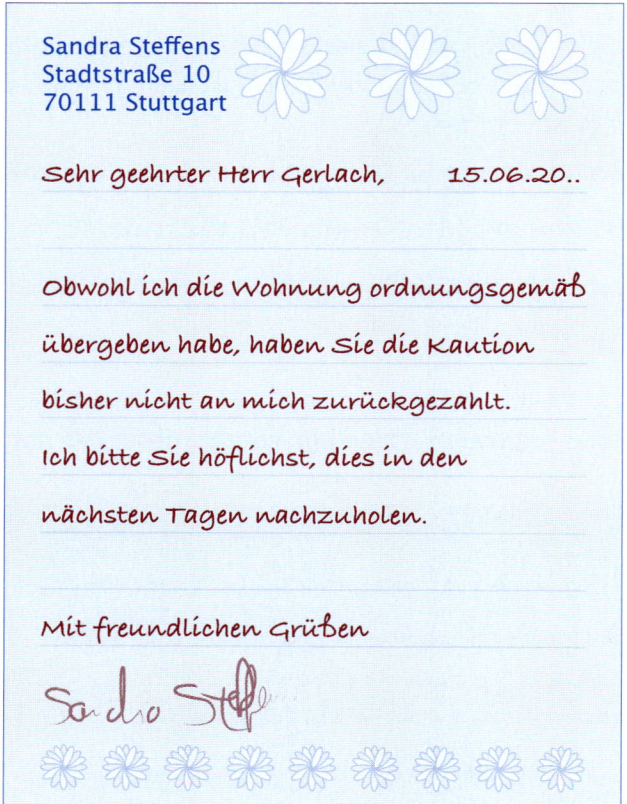

Sandra Steffens
Stadtstraße 10
70111 Stuttgart

Sehr geehrter Herr Gerlach,   15.06.20..

Obwohl ich die Wohnung ordnungsgemäß übergeben habe, haben Sie die Kaution bisher nicht an mich zurückgezahlt. Ich bitte Sie höflichst, dies in den nächsten Tagen nachzuholen.

Mit freundlichen Grüßen

Sandra Steffens

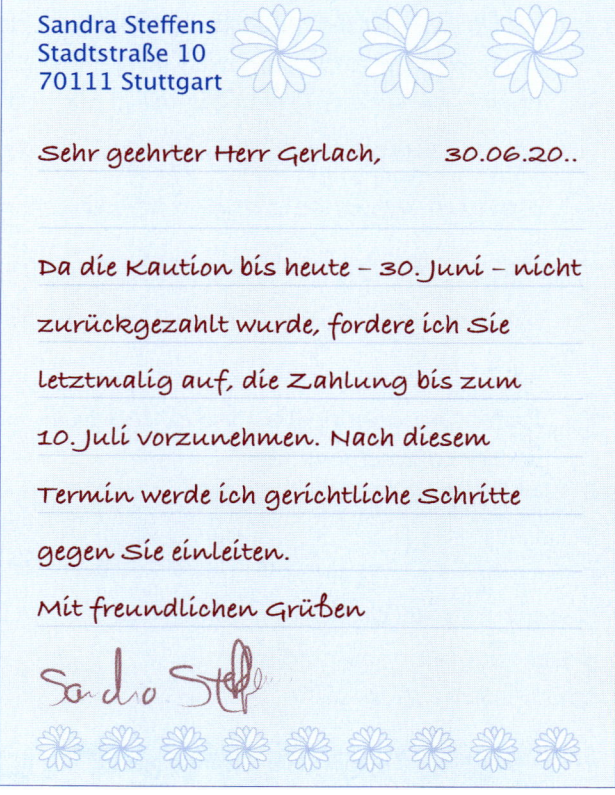

Sandra Steffens
Stadtstraße 10
70111 Stuttgart

Sehr geehrter Herr Gerlach,   30.06.20..

Da die Kaution bis heute – 30. Juni – nicht zurückgezahlt wurde, fordere ich Sie letztmalig auf, die Zahlung bis zum 10. Juli vorzunehmen. Nach diesem Termin werde ich gerichtliche Schritte gegen Sie einleiten.

Mit freundlichen Grüßen

Sandra Steffens

c) Begründen Sie, warum es sinnvoll ist, die Rückzahlung der Kaution mit außergerichtlichen Maßnahmen zu erreichen.

- Vermeidung unnötiger Kosten, Ärger, Zeitverlust

- Im Geschäftsleben sollte zunächst eine gütliche Einigung angestrebt werden (auch, um Kunden nicht zu verlieren).

Klasse:	Datum:
Name:	

2 Nachdem Sandra Steffens vergeblich auf den Zahlungseingang gewartet hat, geht sie zum gerichtlichen Mahnverfahren über.

a | Tragen Sie die rechts stehenden Begriffe in das Schaubild über den Ablauf des Mahnbescheids ein:

- Antragsgegner (Schuldner)
- Erlass und Zustellung des Mahnbescheids
- Vollständige Zahlung (Verfahren ist beendet)
- Ausstellung eines Mahnbescheids und Zusendung an das Amtsgericht
- Stillschweigen
- Antragsteller (Gläubiger)
- Widerspruch (innerhalb 2 Wochen)
- Amtsgericht

b | Trotz des Mahnbescheids zahlt Herr Gerlach nicht und legt auch keinen Widerspruch ein. Daraufhin beantragt Sandra Steffens den Vollstreckungsbescheid.

Tragen Sie die rechts stehenden Begriffe in das Strukturbild über den Ablauf des Vollstreckungsbescheids ein:

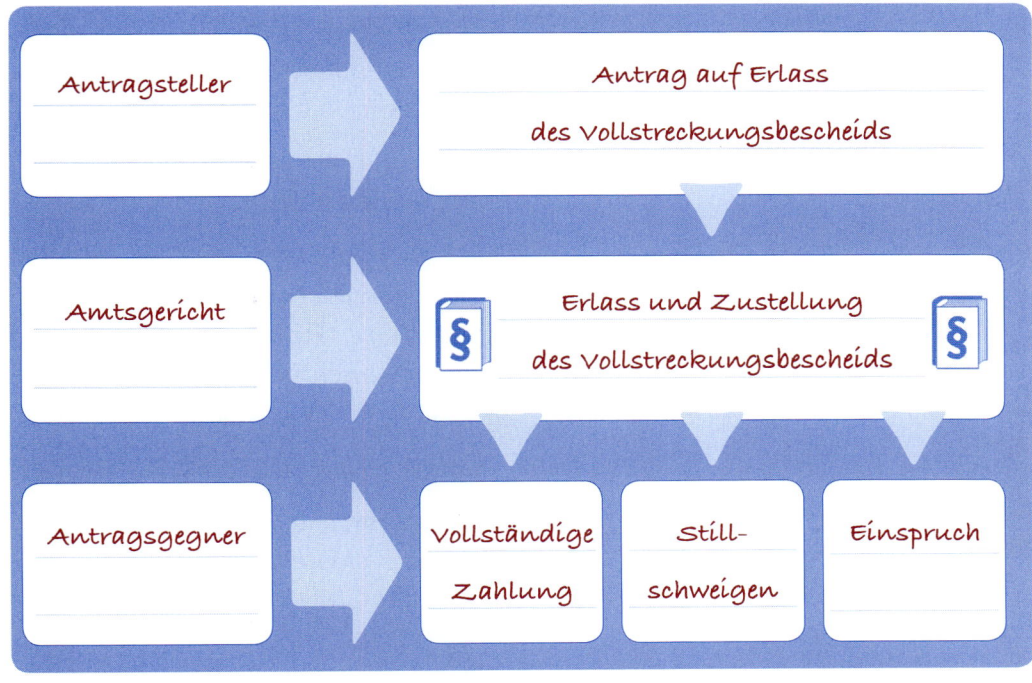

- Amtsgericht
- Stillschweigen
- Erlass und Zustellung des Vollstreckungsbescheids
- Einspruch (innerhalb 2 Wochen)
- Antragsteller
- Vollständige Zahlung (Verfahren ist beendet)
- Antrag auf Erlass des Vollstreckungsbescheids (innerhalb 26 Wochen)
- Antragsgegner

c| Füllen Sie den Lückentext über den weiteren Verlauf des Verfahrens mit den unten stehenden Begriffen aus.

> einen Eid ablegen – Einspruch – Gerichtsvollzieher – Klage – mündliche Verhandlung – Pfändung – Prozess – Vermögensverhältnisse – vollstreckbarer Titel – Widerspruch

Um schneller an ihr Ziel zu kommen, hätte Sandra auch sofort ___Klage___ beim Amtsgericht einreichen können. In dem Fall wäre es, genauso wie bei einem ___Widerspruch___ bzw. ___Einspruch___ durch Herrn Gerlach, zur ___mündlichen Verhandlung___ vor Gericht gekommen. Geht der ___Prozess___ zu Sandras Gunsten aus, besitzt sie einen ___vollstreckbarem Titel___ und kann damit – falls Gerlach immer noch nicht zahlt – einen ___Gerichtsvollzieher___ beauftragen, die ___Pfändung___ vorzunehmen. Ist die Pfändung erfolglos, muss der Schuldner auf Antrag des Gläubigers seine ___Vermögensverhältnisse___ wahrheitsgetreu offenbaren und darüb ___einen Eid ablegen___ .

ANKREUZTEST (jeweils eine Antwort ist richtig):

a| Welche Aussage zum RAL ist falsch?

○ Damit ist das „Deutsche Institut für Gütesicherung und Kennzeichnung e.V." gemeint.

○ Ca. 2000 Farbtöne sind durch das RAL mit Farbnummern eindeutig definiert.

○ Nur das RAL darf in Deutschland Gütezeichen vergeben.

○ Alle Gütezeichen sind durch die Worte „RAL" und „Gütezeichen" vom Verbraucher leicht von anderen Kennzeichen zu unterscheiden.

⊗ Das RAL vergibt den Grünen Punkt für umweltfreundliche Verpackungen.

○ Das RAL vergibt den Blauen Engel für umweltfreundliche Produkte.

b| Welche Angabe muss beim Verbraucherdarlehen nicht unbedingt gemacht werden?

○ Nettokreditbetrag oder Höchstbetrag des Kredits

○ Gesamtbetrag aller Teilzahlungen

○ Art und Weise der Kreditzurückzahlung

⊗ Gestellte Sicherheiten

○ Zinssatz und alle Nebenkosten

○ Effektiver Jahreszinssatz

c| Wann kann der Gläubiger Verzugszinsen nach HGB verlangen?

○ Vom Tag der ersten schriftlichen Mahnung an.

○ Mit Beginn des gerichtlichen Mahnverfahrens.

⊗ Wenn ein angegebener Zahlungstermin nicht eingehalten wurde.

○ Wenn nicht innerhalb von 30 Tagen gezahlt wurde.

○ Nur, wenn dies ausdrücklich im Kaufvertrag vereinbart wurde.

d| In welchen Situationen kann das Haustürgeschäft nicht widerrufen werden?

○ Ein Passant wird auf der Straße gefragt, ob er nicht einem Buchclub beitreten wolle.

○ Ein Kollege versucht einem Arbeitnehmer am Arbeitsplatz einen Bausparvertrag zu verkaufen.

○ Ein Vertreter überredet einen Hotelgast in der Eingangshalle eine Gepäck- und Reiseversicherung abzuschließen.

○ Eine ältere Dame kauft bei einer vergnüglichen Werbefahrt eine heizbare Bettauflage.

⊗ Ein Vertreter ist für eine Staubsaugervorführung nach Hause bestellt worden.

Klasse:	Datum:
Name:	

1 Begründen Sie, warum auch in der heutigen Zeit die Ausstellung einer Quittung (dazu gehört auch ein Kassenzettel!) von großer Bedeutung ist.

– *Nachweismöglichkeit für die erfolgte Zahlung*

– *Umtauschmöglichkeit (Kulanz der Firmen)*

– *Reklamationen bei Mängeln*

– *Nachweis des Kaufdatums bei Garantieleistungen*

2 Füllen Sie den Lückentext zur Kontoeröffnung mit den unten aufgeführten Begriffen aus:

> Guthaben – BankCard – Unterschriftsproben – Bankgeschäfte – Monatsgehälter – Überweisungs – Scheck – Zinssatz – Girokonto – Einkommen – bargeldlosen – Personalausweis – Kontoauszüge – Überziehung – Dispositionskredit

Um am _____bargeldlosen_____ Zahlungsverkehr teilnehmen zu können, möchte die Angestellte Karin Keller ein _____Girokonto_____ eröffnen. Dazu muss sie bei der Bank einen _____Personalausweis_____ vorlegen und _____Unterschriftsproben_____ der verfügungsberechtigten Personen abgeben. Von der Bank erhält sie _____Überweisungs-_____ und _____Scheck_____-Formulare. Außerdem erhält sie eine so genannte _____BankCard_____. Damit können _____Bankgeschäfte_____ schneller abgewickelt werden und sie kann sich ihre _____Kontoauszüge_____ am Automaten ausdrucken lassen.

Da sie ein regelmäßiges _____Einkommen_____ nachweisen kann, wird ihr ein _____Dispositionskredit_____ in Höhe von zwei _____Monatsgehältern_____ gewährt. Karin Keller weiß, dass sie bei _____Überziehung_____ ihres Kontos einen relativ hohen _____Zinssatz_____ an die Bank zahlen muss. Andererseits erhält sie für _____Guthaben_____ auf dem Girokonto nur ganz geringe Zinsen.

3 Karin Keller kauft sich im Media-Geschäft MEDIACOM am 15. Oktober einen Discman für 100,00 € und bezahlt mit ihrer ec-BankCard.

a) Karin muss dazu einen Lastschriftbeleg unterschreiben. Welche Bedeutung hat diese Unterschrift?

Karin erklärt sich damit einverstanden, dass ...

1. die MEDIACOM den Betrag von ihrem Konto abbuchen lässt,

2. die Bank ihre Adresse an die Firma weitergibt, falls der Betrag nicht eingelöst wird,

3. ihre Daten bis zur Begleichung des Betrages in eine Sperrdatei aufgenommen werden.

b| Inwiefern wäre die Verwendung einer PIN in Verbindung mit der BankCard für die Firma risikoloser (aber dafür mit höheren Kosten verbunden)?

Diese so genannte POS-Zahlung ist für die Firma risikoloser (Zahlung ist garantiert), weil ...

1. die PIN quasi einer Unterschrift entspricht,

2. eine Abfrage in der Sperrdatei erfolgt, ob die Karte gesperrt ist,

3. eine Limitüberprüfung bei der kontoführenden Bank erfolgt.

c| Welches Risiko geht Karin Keller ein, wenn sie die Karte verliert oder sie ihr gestohlen wird? Wie sollte sie sich in diesem Fall verhalten?

Ein unehrlicher Finder kann die Karte für den Einkauf nach dem Lastschriftver-

fahren verwenden, wenn er die Unterschrift fälscht. Falls Karin auch ihre

PIN unvorsichtigerweise aufgeschrieben hat und diese mit verloren geht, zahlt sie

den Schaden selber, weil sie sehr fahrlässig gehandelt hat. Sie sollte sofort ihre Bank

oder die Sperrannahme benachrichtigen (Tel. 01805 / 021 021 oder 116 116).

4 Die Angestellte Karin Keller muss folgende Zahlungen leisten:

a| Bezahlung eines Bußgeldes von 10,00 € an die Polizeibehörde
b| Vierteljährliche Versicherungsprämie von 30,00 € an die Haftpflichtversicherung
c| Monatliche Telefongebühren (in diesem Monat 63,55 €)
d| Kauf eines neuen Tennisschlägers für 190,00 €
e| Kauf von Brötchen beim Bäcker um die Ecke (0,75 €)
f| Zahlung von 25,00 € zum Geburtstag des Patenkindes, das in einer anderen Stadt wohnt
g| Kauf von Fremdwährung für die Urlaubsreise bei der eigenen Bank für 300,00 €

Entscheiden Sie, welche Zahlungsmöglichkeit im jeweiligen Fall günstig ist, und begründen Sie dies:

Fall	Barzahlung	Barscheck	Verrechnungsscheck	BankCard	Überweisung	Dauerauftrag	Lastschrift	Begründung
a|					X			Überweisungsformular liegt i. d. R. dem Bußgeldbescheid bei.
b|						X		Zahlung in gleicher Höhe zu festem Termin
c|							X	Zahlung in wechselnder Höhe; bequem, da ohne eigenes Zutun
d|				X				Wird vom Konto abgebucht nach POS-/POZ- oder ELV-Verfahren
e|	X							Bagatellbetrag, keine Kosten/Gebühren
f|			X					Lässt sich sicher und problemlos verschicken.
g|	X							Wird vom eigenen Konto abgebucht.

Klasse: | Datum:

Name:

5 Am Monatsende erhält Karin Keller den folgenden Kontoauszug:

Volksbank Freiburg		Kontonummer	erstellt am	Auszug	Blatt
KONTO-AUSZUG		1234567 00	12.03.20..	03	01

Text	Wert	Soll	Haben
Alter Kontostand EURO			335,05
Gehaltsüberweisung	15.09.		1.452,07
Überweisung	17.09.	10,00	
Dauerauftrag	20.09.	30,00	
Lastschrift	25.09.	36,55	
Zahlung mit BankCard	28.09.	190,00	
Verrechnungsscheck Nr. 06	29.09.	25,00	
Barscheck Nr. 211	30.09.	300,00	
Neuer Kontostand			1.195,57

BIC	IBAN
VOLKDEVBFRE	DE12 3456 0078 0091 2345 00

a/ Prüfen Sie, ob die Zahlungen aus Aufgabe **4** *(Seite 46) richtig gebucht worden sind:*

Nein, bei der Lastschrift liegt ein Zahlendreher vor: 36,55 € statt richtig 63,55 €.

Damit ist auch die Summe falsch.

b/ Welche Beträge stehen auf einem Kontoauszug in der Soll- und welche in der Haben-Spalte?

Soll → Lastschriften und evtl. Überziehungsbetrag (Schuld)

Haben → Gutschriften und Guthabenbetrag

6 Karin befindet sich mit dem LEONARDO-Aktionsprogramm der Europäischen Union zur beruflichen Weiterbildung für ein halbes Jahr in Spanien. Ihr Vater überweist mit der EU-Standardüberweisung 500,00 € auf ihr Konto bei einer spanischen Bank.

a/ In welche Länder und in welcher Höhe sind diese EU-Auslandüberweisungen möglich?

– in der gesamten EU möglich — müssen auf Euro lauten

– bis zu 12.500,00 € (ab 2006 bis 50.000,00 €)

b/ Für diese grenzüberschreitende Überweisung werden zwei Nummern benötigt: BIC und IBAN. Was ist damit gemeint?

BIC ist der international standardisierte Bank-Code (= SWIFT-Code). IBAN ist die

Kontonummer, wie sie im grenzüberschreitenden Überweisungsverkehr benötigt

wird; sie besteht aus dem nationalen Bankcode, der Bankleitzahl, der Kontonummer

und einer Prüfzahl. Beides befindet sich auch auf dem Kontoauszug (siehe oben).

Die folgenden Piktogramme (Sinnbilder) zeigen, dass nach unterschiedlichen Verfahren gezahlt bzw. Bargeld beschafft werden kann. Geben Sie bei jedem Piktogramm an, auf welche Möglichkeit jeweils hingewiesen wird und wie das Verfahren abläuft.

Zahlung mit Kreditkarte

– Kunde legt Kreditkarte vor

– Geschäft erstellt Kaufbeleg

– Abbuchung erfolgt später vom eigenen Konto

– Kunde erhält Nachricht über Abbuchung

Zahlung mit ec-Karte und PIN

– Kunde muss den Kaufbetrag am Terminal bestätigen und seine Geheimzahl (PIN) eingeben

– es erfolgt eine Anfrage bei der kontoführenden Bank

– die Abbuchung wird unmittelbar ausgeführt

Zahlung mit ec-Karte und Unterschrift

– es erfolgt eine Gültigkeitsprüfung der Karte (z.B. ob sie gesperrt ist) ohne Anfrage bei der kontoführenden Bank

– es muss eine Einzugsermächtigung unterschrieben werden

– die Abbuchung vom Konto erfolgt erst später

– POZ-Verfahren (Point of sale Ohne Zahlungsgarantie)

Bargeldversorgung am Geldautomaten

– ec-Karte muss in Automaten geschoben und die Geheimzahl (PIN) eingegeben werden

– in Deutschland und vielen Ländern des europäischen Auslandes möglich

– die Höhe des Betrages, den man abheben kann, ist i. d. R. begrenzt

Barzahlung mit der Geldkarte

– die Geldkarte muss zuvor bei der eigenen Bank „aufgeladen" werden

– man braucht keine Geheimzahl und keine Unterschrift

– viele ec-Karten sind mit einem Geldkarten-Chip ausgestattet

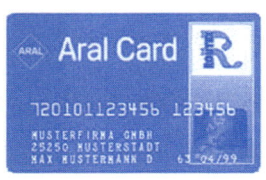

Zahlung mit Kundenkarte

– Karte ist nur in dem jeweiligen Geschäft/Firma gültig

– ansonsten Ablauf wie bei Kreditkarte (siehe oben)

– ist aber im Gegensatz zur Kreditkarte in der Regel kostenlos

– Abbuchung erfolgt i.d.R. erst im Folgemonat

Klasse:	Datum:
Name:	

1 **Entwicklung der Kaufkraft des Geldes**

Im Mai 1949 wurde die Bundesrepublik Deutschland gegründet. Damals lagen die durchschnittlichen Stundenlöhne bei 0,61 €. Um einen richtigen Vergleich zwischen damals und heute durchführen zu können, ist es notwendig, Löhne und Preise ins Verhältnis zu setzen. Sie müssen dazu überlegen, wie hoch der Stundenlohn heute ist, und die heutigen Preise der Konsumgüter herausfinden. Dann können Sie die Arbeitszeit berechnen, die heute notwendig ist, um die Güter zu erwerben.

Hier einige Beispiele:

Der Tariflohn pro Stunde (= 60 Minuten) beträgt zurzeit in Ihrem Beruf? **z.B. 10,00 €** (Annahme)

Arbeitszeit für	Arbeitszeit damals	heutiger Preis	Arbeitszeit heute
1 kg Bohnenkaffe	22 Stunden	7,20 €	43,2 Min.
1 Ei	20 Minuten	0,22 €	1,3 Min.
tiefgekühltes Brathähnchen	5 Stunden	2,80 €	16,8 Min.
1 kg Butter	4 Stunden	3,20 €	19,2 Min.
1 Zigarette	5 Minuten	0,18 €	1,1 Min.
1 0,2-l-Glas Mineralwasser	17 Minuten	1,20 €	7,2 Min.

$$= \frac{60 \times \text{heutiger Preis}}{\text{Stundenlohn}}$$

2 Das Statistische Bundesamt in Wiesbaden ermittelt laufend die Preise für einen Warenkorb, den eine Familie mit mittlerem Einkommen verbraucht. Im Vergleich z. B. gegenüber dem Vormonat, Vorjahresmonat oder gar dem Basisjahr wird dann der Preisindex oder auch die Inflationsrate festgestellt.

Errechnen Sie nun die Preisänderungen in Prozent und den Preisindex für folgende Jahre:

	Basisjahr 2000	2001	2002	2003	2004	2005
Preis des Warenkorbs (in €)	2.112,00	2.154,00	2.184,00	2.208,00	2.234,00	2.280,00
Preisänderung gg. Vorjahr (in %)	–	2,0%	1,4%	1,1%	1,2%	2,1%
Preisänderung gg. Basisjahr (in %)	–	2,0%	3,4%	4,5%	5,8%	8,0%
Preisindex	100	102,0	103,4	104,5	105,8	108,0

3 Der Euro wird gern als „Teuro" bezeichnet. Was soll damit zum Ausdruck gebracht werden? Erklären Sie auch, was in diesem Zusammenhang mit „gefühlter Inflation" gemeint ist.

Nach der Währungsumstellung am 01.01.2002 hatten viele Leute das Gefühl, die

Unternehmen hätten die Gelegenheit genutzt, um die Preise insgesamt zu erhöhen.

Dies ist aber statistisch (gemessen am Preisindex) nicht nachweisbar.

4 Tragen Sie in der Übersicht ein, welche Ursachen auf der Nachfrageseite und auf der Kostenseite eine Inflation haben kann und geben Sie Folgen der Inflation an.

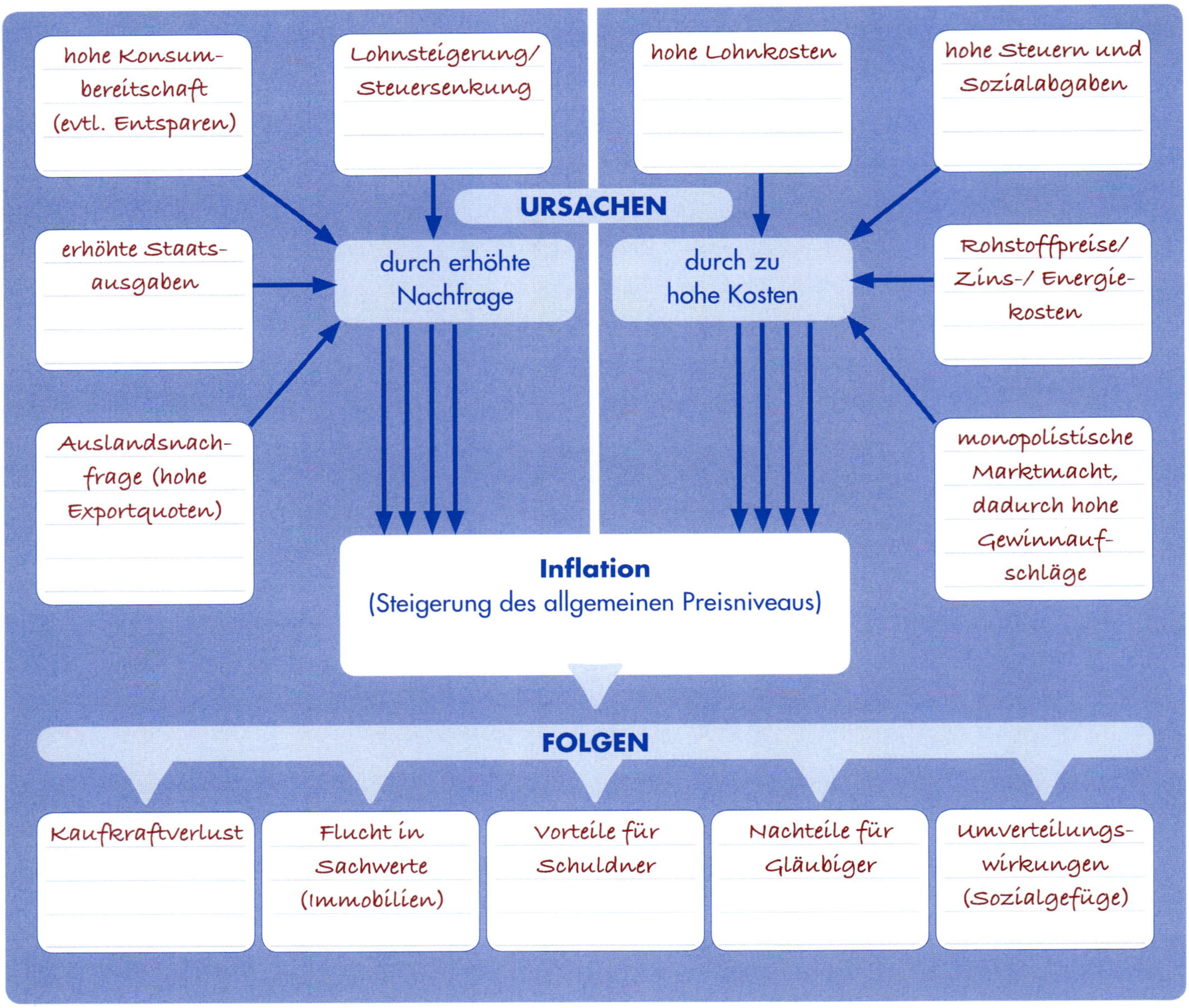

hohe Konsum-
bereitschaft
(evtl. Entsparen)

Lohnsteigerung/
Steuersenkung

hohe Lohnkosten

hohe Steuern und
Sozialabgaben

URSACHEN

erhöhte Staats-
ausgaben

durch erhöhte
Nachfrage

durch zu
hohe Kosten

Rohstoffpreise/
Zins-/ Energie-
kosten

Auslandsnach-
frage (hohe
Exportquoten)

monopolistische
Marktmacht,
dadurch hohe
Gewinnauf-
schläge

Inflation
(Steigerung des allgemeinen Preisniveaus)

FOLGEN

Kaufkraftverlust

Flucht in
Sachwerte
(Immobilien)

Vorteile für
Schuldner

Nachteile für
Gläubiger

Umverteilungs-
wirkungen
(Sozialgefüge)

5 Stellen Sie sich folgende (etwas unrealistische) Situation vor: **Es regnet Geld!**
Jeder hat auf diese Weise so viel Banknoten und Münzen, wie er möchte – wenn er nicht zu faul ist, es einzusammeln.

a) Was würden Sie mit dem vielen Geld machen?

Vermutlich werden Sie versuchen, sich viele lang

gehegte Konsumwünsche zu erfüllen.

b) Hätten Sie noch Lust zu arbeiten und was meinen Sie, wie sich die anderen Leute verhalten würden?

Keiner würde mehr arbeiten wollen und damit gäbe

es bald keine Güter und Dienstleistungen mehr.

c) Welche Schlussfolgerungen ziehen Sie daraus für das Geldwesen einer Gemeinschaft?

Geld muss knapp sein, damit es begehrt und wertvoll ist. Eine große Geldmenge bei

k(l)einem Güterangebot macht das Geld wertlos.

Kapitel

4

Arbeitsblatt zu „Wirtschaft heute" von Crone/Kühn

Der Umgang mit Geld

Europa, EU, EWU (1)

Klasse: | Datum:

Name:

1

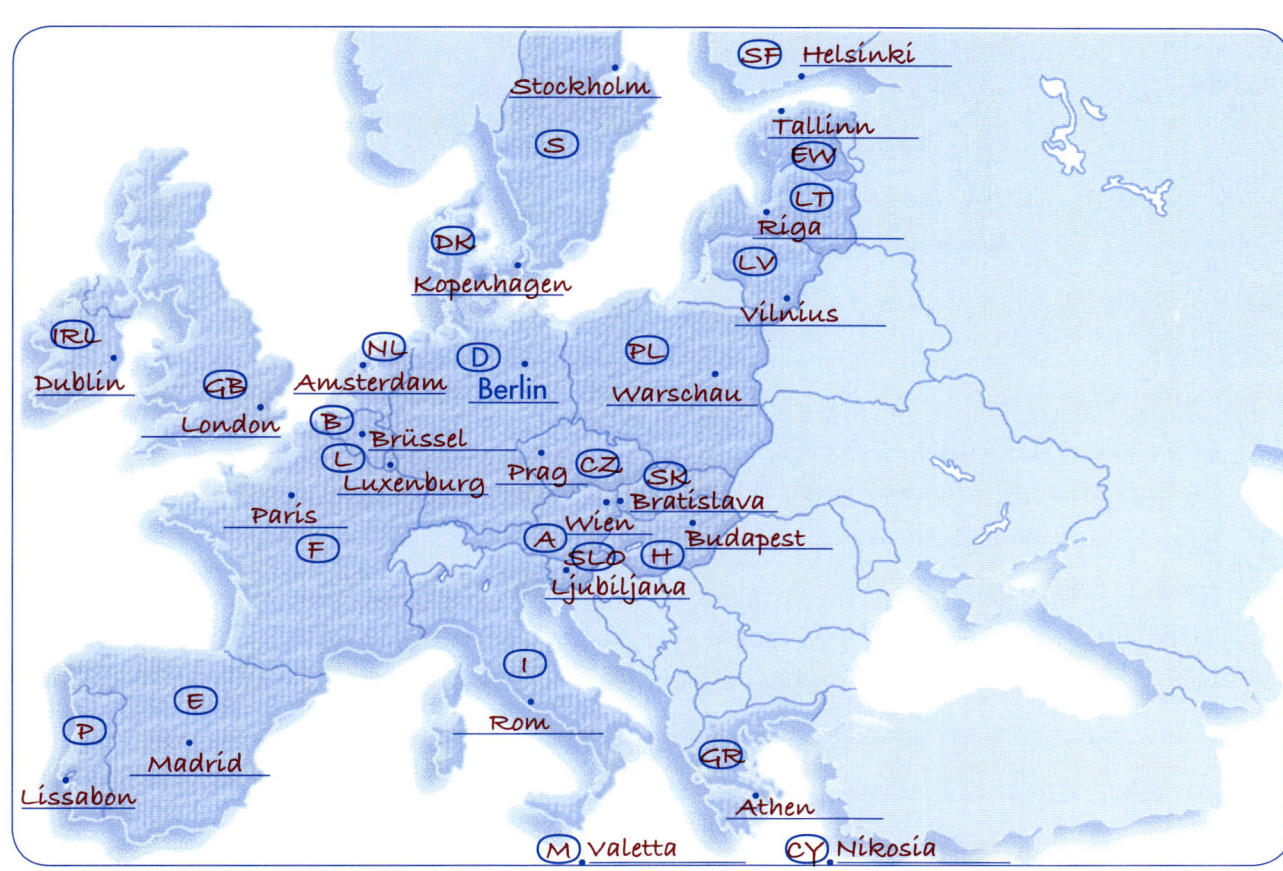

a) Tragen Sie in die Karte die Autokennzeichen der 25 EU-Staaten sowie ihre Hauptstädte richtig ein.

b) Welches sind die 15 ‚alten' EU-Länder und welches die 10 ‚neuen' Länder, die durch die Osterweiterung am 01.05.2004 dazu kamen?

Alte EU-Länder: A, B, D, DK, E, F, GB, GR, I, IRL, L, NL, P, S, SF

Neue EU-Länder: CY, CZ, EW, H, LT, LV, M, PL, SK, SLO

c) Seit dem 1. Januar 1999 ist die **E**uropäische **W**ährungs**U**nion (EWU) in Kraft getreten und seit dem 1. Januar 2002 ist die Währung dieser Länder durch den Euro als Bargeld abgelöst worden. Welche 12 EU-Staaten gehören zur EWU?

Alte EU-Länder außer DK, GB, S (diese Länder haben sich bislang nicht für den

Euro als Landeswährung entschieden)

d) Werden die 10 neuen EU-Staaten in absehbarer Zeit ebenfalls den Euro einführen?

Ja. Diese Länder müssen aber zunächst die Konvergenzkriterien (vgl. Lehrbuch) der

EWU erfüllen und dann mindestens zwei Jahre lang feste Wechselkurse zum Euro

einführen. Diese Länder werden dann jedoch verpflichtet (im Gegensatz zu DK, GB

und S), den Euro einzuführen.

2 Da rings um den einheitlichen europäischen Währungsraum viele Länder eigene Währungen haben, stellt sich nach wie vor das Problem des Umtausches vom Euro in eine andere Währung und umgekehrt.

Land	Währung	Abk.	Internationaler Währungscode	Geldkurs (Ankauf)	Briefkurs (Verkauf)
Schweiz	Franken	sfr	CHF	1,531	1,535
Schweden	Schwedische Kronen	skr	SEK	9,200	9,248
Großbritannien	Pfund Sterling	£	GBP	0,669	0,673
Polen	Polnische Zloty	plz	PLZ	4,015	4,025
USA	Dollar	$	USD	1,221	1,226
Dänemark	Dänische Kronen	dkr	DKK	7,425	7,465
Japan	Yen	¥	JPY	131,290	131,770
Euroländer	Euro	€	EUR	—	—

a) Notieren Sie in der Tabelle zu jedem Land die Währungsbezeichnung, die Abkürzung für den „Alltagsgebrauch" und den internationalen Währungscode.

 Hinweis: Beim Währungscode bezeichnen die ersten beiden Buchstaben das Land und der dritte Buchstabe die Währung.

b) Sowohl für die Touristin Karin Keller als auch für den Geschäftsmann Arno Koch haben die Währungsangaben in der obigen Tabelle eine große Bedeutung.
Wie sind die Angaben in den Spalten „Geldkurs" und „Briefkurs" zu verstehen?

Wie schon in der Klammer angegeben, handelt es sich beim Geldkurs um den

Ankaufskurs, d.h., wenn man z. B. USD haben möchte, <u>kauft</u> die Bank 1 EUR

an und zahlt dafür 1,221 USD aus. Will man dagegen USD an die Bank

zurückgeben, <u>verkauft</u> die Bank 1 EUR für 1,226 USD.

 Hinweis: Dies bezeichnet man auch als Mengennotierung gegenüber der früher üblichen Preisnotierung.

 c) Karin Keller möchte ihren Sommerurlaub in den Schweizer Alpen verbringen. Für diesen Aufenthalt will sie 350,00 € in Franken tauschen. Wie viele Franken erhält sie?

Berechnung mit Geldkurs: (Bank <u>kauft</u> Euro an)

$$1,00 € = 1,531 \text{ sfr}$$

$$350,00 € = x \text{ sfr}$$

$$x = 1,531 / 1,00 * 350,00 = \underline{535,85 \text{ sfr}}$$

 d) Karins Chef Herr Arno Koch kommt von einer Geschäftsreise aus London zurück.
Er hat noch 160,00 £ übrig. Wie viel Euro bekommt er dafür?

Berechnung mit Briefkurs: (Bank <u>verkauft</u> Euro)

$$0,673 £ = 1,00 €$$

$$362,00 £ = x €$$

$$x = 1,00 / 0,673 * 362,00 = \underline{537,89 €}$$

Klasse:	Datum:
Name:	

3 Von Politikern wird immer wieder betont, dass es sich bei der Währungsumstellung von der DM auf den Euro nicht um eine Währungsreform handelt.

a | Was ist damit gemeint?

In Deutschland bestehen große Ängste vor einer Währungsreform, da durch diese i.d.R. das Geldvermögen im Wert drastisch herabgesetzt wird (wie z.B. 1923 und 1948). Bei der Einführung des Euros handelte es sich aber lediglich um eine Rechenoperation, bei der alle Werte (Einkommen, Preise, Vermögen, Guthaben und Schulden) mit dem gleichen Betrag umgerechnet wurden. Die Kaufkraft blieb gleich, ein Vermögensverlust entstand nicht.

b | Wie viel Euro müsste daher heute ein PC kosten, der im Jahr 2000 genau 2.599,00 DM gekostet hat (gleiche Qualität vorausgesetzt) [1,00 € = 1,95583 DM]?

Die Umrechnung erfolgt mit einem konstanten Faktor. Danach muss so gerechnet werden:

$$1,95583 \text{ DM} = 100,00 \text{ €}$$
$$2.599,00 \text{ DM} = x \text{ €}$$
$$x = 2.599 / 1,95583 = \underline{1.328,85 \text{ €}}$$

c | Wie beurteilen Sie die Entwicklung des Euro im Verhältnis zum Dollar …
- für einen Touristen?

Ein hoher Kurs des Euro ist bei Reisen in Nicht-Euro-Länder günstig, da man mehr ausländische Währung erhält. Umgekehrt ist es, wenn der Kurs niedrig ist, dann kommen vermehrt ausländische Touristen.

- für eine Firma, die Waren exportiert?

Für diese Firma ist ein hoher Kurs des Euro ungünstig, da seine Ware dadurch im Ausland teurer ist und umgekehrt. Je niedriger der Kurs, desto billiger kann die Ware im Ausland angeboten werden.

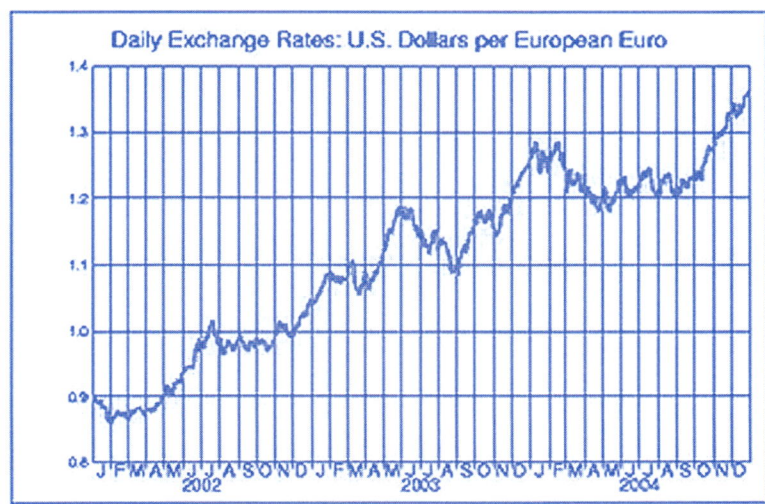

Kurs des US-Dollars im Verhältnis zum Euro

1 Welche Sparmotive sind bei den folgenden Beispielen zu vermuten?

- Herr Kahn spekuliert mit Aktien.   Vermögensbildung

- Frau Sutter möchte sich ein Kabrio kaufen.   Zwecksparen

- Familie Zander spart für eine Kreuzfahrt.   Zwecksparen

- Herr Marbach möchte seinem Junior ein Studium finanzieren.   Vorsorgesparen

- Frau Gutmann schließt einen Bausparvertrag ab.   Vermögensbildung

- Herr Scherer schließt eine Lebensversicherung ab.   Vorsorgesparen

2 a) In der nebenstehenden Grafik ist der vereinfachte Wirtschaftskreislauf (in Tausend Euro) dargestellt. Ermitteln Sie für die angegebenen Daten die gesamtwirtschaftliche Sparquote.

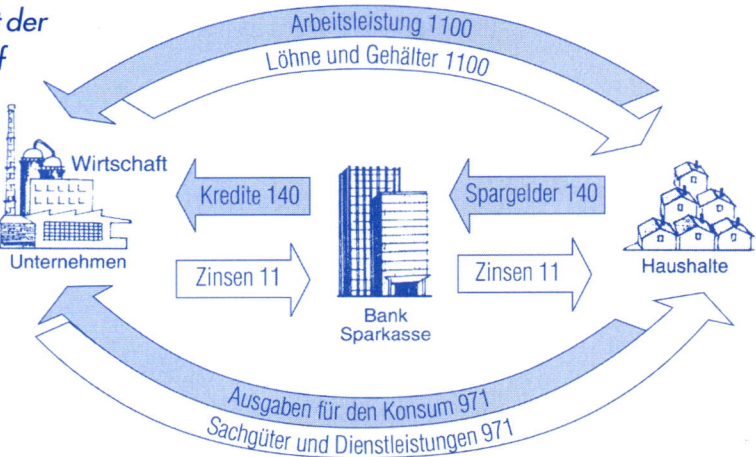

Arbeitsleistung 1100
Löhne und Gehälter 1100
Wirtschaft
Kredite 140
Spargelder 140
Unternehmen
Zinsen 11
Bank Sparkasse
Zinsen 11
Haushalte
Ausgaben für den Konsum 971
Sachgüter und Dienstleistungen 971

verfügbares Einkommen

= Löhne + Gehälter + Zinsen = 1.111

Sparen = 140

→ Sparquote = (140 x 100) / 1.111 = 12,6%

Wer kann sparen?

Ersparnis je Haushalt

Selbständige 17.170 €

=27,1% des verfügbaren Einkommens (Sparquote)

Arbeitnehmer 2.200 €   8,9%

Rentner und Pensionäre 910 €   6,0%

Arbeitslose – 420 €   –3,4%
(d.h.: Ersparnisse wurden aufgezehrt)

© Globus   Quelle: DIW
7375

b) Wie ist es zu erklären, dass die Sparquote der einzelnen Haushaltstypen sehr unterschiedlich ist und von der gesamtwirtschaftlichen Sparquote erheblich abweicht?

Im Gegensatz zu den Geringverdienenden ist die Sparfähigkeit bei Besserverdienenden überproportional hoch, da große Teile des Einkommens nicht konsumiert werden müssen. Die gesamtwirtschaftliche Sparquote ist eine statistische Größe, die alle Haushalte umfasst.

Kapitel

4

Arbeitsblatt zu „Wirtschaft heute" von Crone/Kühn

Der Umgang mit Geld
Sparen und Sparförderung (2)

Klasse: | Datum:

Name:

3 Die Europäische Zentralbank und die Deutsche Bundesbank versuchen über den Refinanzierungssatz das allgemeine Zinsniveau und damit das Verhalten der Wirtschaftssubjekte (Unternehmen, Haushalte, Banken, Staat) zu beeinflussen. Nicht immer ändert sich das Verhalten in der gewünschten Richtung.

a l Wie ist es zu erklären, dass Haushalte trotz niedriger Zinsen viel sparen?

Bei schlechter Wirtschaftslage und Zukunftsangst (drohende Arbeitslosigkeit)

b l In welcher wirtschaftlichen Situation zeigen Haushalte trotz hoher Zinsen wenig Hang zum Sparen?

Bei guter Wirtschaftslage und Nachholbedarf aus vorausgegangenen Perioden

c l Unter welchen Umständen werden Unternehmen nicht investieren, trotz günstiger Kreditzinsen?

Schlechte Wirtschaftsaussichten und insbesondere schlechte Absatzlage

d l Wie ist zu erklären, dass in den neuen Bundesländern die Sparquote anfangs (1990/91) nur bei 1,9% lag, anschließend aber erheblich anstieg?

Nachholbedarf bei Konsumgütern, anschließend Vorsorgesparen

4 Beurteilen Sie die folgenden Sparformen hinsichtlich der genannten Anlagekriterien:

Sparform	Anlagekriterien		
	Verfügbarkeit	Ertrag	Sicherheit
Sparbuch	– jederzeit Beträge bis zum Kündigungsbetrag – höhere Beträge nach Kündigung (Frist wie vereinbart)	– relativ geringer Ertrag – bei hoher Inflation sogar realer Vermögens-verlust möglich	– sehr sichere Geldanlage – keinerlei Risiko
Pfandbrief	– kann jederzeit an der Börse verkauft werden – u. U. muss aber ein Kursverlust hinge-nommen weden	– regelmäßige Zins-erträge in vorher vereinbarter Höhe	– kaum Risiko, da durch Hypotheken oder Steuer-kraft gesichert – Rückzahlungsbetrag ist vorher vereinbart
Aktie	– kann jederzeit an der Börse verkauft werden – Kursausschläge können sehr viel höher sein als beim Pfandbrief	– Dividendenzahlung ist abhängig von der Wirtschaftslage der AG – kann sehr hoch sein, in schlechten Jahren aber auch null	– zusätzlich zum Divi-dendenrisiko kommt ein hohes Kursrisiko – Kursschwankung auch von der Gesamtwirt-schaftslage abhängig

5 Situation

Horst und Monika Struwe sind beide berufstätig und haben gemeinsam ein zu versteuerndes Einkommen von 34.530,00 €. Jeder der beiden Ehepartner hat einen Bausparvertrag und einen Investmentsparvertrag abgeschlossen. Das Ehepaar Struwe hat zwei Kinder und möchte nach Möglichkeit die staatlichen Prämien voll ausnutzen.

a) Prüfen Sie, ob das Ehepaar Struwe die Voraussetzungen für die Arbeitnehmersparzulage und für die Wohnungsbauprämie erfüllt. Welche Einkommensgrenzen gelten?

Ja, es werden für beide Sparformen die Voraussetzungen erfüllt.

Es gelten die folgenden Einkommensgrenzen (zu versteuerndes Jahreseinkommen):

	Ledige	Verheiratete
Vermögensbildungsgesetz	17.900,00 €	35.800,00 €
Wohnungsbauprämiengesetz	25.600,00 €	51.200,00 €

b) Wie viel € brutto darf das Ehepaar maximal verdienen, um noch in den Genuss der Arbeitnehmersparzulage zu kommen?

Brutto darf das Ehepaar ca. 53.330,00 € verdienen, dann ergibt sich die Einkommensgrenze von 35.800,00 €. Dies liegt daran, dass eine Reihe von Freibeträgen z. B. für Werbungskosten und Kinder steuermindernd geltend gemacht werden können. (Hier könnte eine Broschüre von einer Bank oder Bausparkasse herangezogen werden.) Im Einzelfall könnte der Bruttobetrag noch höher liegen, wenn man höhere Freibeträge geltend machen kann.

c) Berechnen Sie anhand folgender Tabelle, wie viel Euro Horst und Monika Struwe jährlich sparen müssen, um die staatlichen Höchstprämien erhalten zu können.

Anlageart	Vermögenswirksame Leistungen*)				Wohnungsbauprämie		
	Bausparen (9% Prämie)		Investmentsparen (18% Prämie)		Bausparen (8,8% Prämie)		
Arbeitnehmer	Monika	Horst	Monika	Horst	Monika	Horst	Summe
Anlagebetrag in €	470,00	470,00	400,00	400,00	512,00	512,00	2.764,00
Prämienbetrag in €	42,30	42,30	72,00	72,00	45,06	45,06	318,72

*) Angaben nach dem 5. Vermögensbildungsgesetz in der Fassung vom 01.01.2004.

d) Wie sieht es mit den Prämien aus, wenn das Ehepaar mehr spart, und wie, wenn es weniger spart?

Wenn das Ehepaar mehr spart, wird die Prämie trotzdem nur auf die oben genannten Höchstbeträge gewährt. Bei weniger Sparleistung werden die Prozentsätze auf die niedrigeren Beträge angewendet.

e) Welche zusätzlichen Vorteile ergeben sich für viele Arbeitnehmer aus ihrem Arbeitsvertrag, aus Betriebsvereinbarungen oder aus ihrem Tarifvertrag?

Arbeitnehmer erhalten aufgrund der genannten Vereinbarungen häufig einen Arbeitgeberzuschuss zu den vermögenswirksamen Leistungen.

Klasse: Datum:

Name:

Arbeitsblatt zu „Wirtschaft heute" von Crone/Kühn

Der Umgang mit Geld
Verbraucherdarlehen

1 Situation

Karins Vater, Herr Keller, möchte sich ein neues Auto kaufen und das alte in Zahlung geben. Zur Schließung der Finanzierungslücke soll ein Darlehen in Höhe von 8.000,00 € bei der Hausbank aufgenommen werden (Kreditkonditionen: 4,6% Zinsen p.a. nominal, Laufzeit 36 Monate, 3% Bearbeitungsgebühr von der Kreditsumme, 1% Restschuldversicherung).

Das Haushaltsbudget der Familie Keller sieht folgendermaßen aus:

Einnahmen:		Ausgaben:	
• Nettoverdienst	2.171,50 €	• Lebensunterhalt	911,50 €
• sonstige Einkünfte	218,00 €	• Miete + Nebenkosten	427,00 €
		• lfd. Kfz-Kosten	287,50 €
		• Versicherungen usw.	59,50 €
		• Sonstige Ausgaben	171,50 €

a) Berechnen Sie den Betrag, der der Familie Keller zur freien Verfügung verbleibt.

Einnahmen – Ausgaben = 2.389,50 3 – 1.857,00 € = <u>532,50 €</u>

b) Wie beurteilen Sie die Kreditwürdigkeit der Familie Keller, wenn sonst keine finanziellen Verpflichtungen vorliegen?

Ausreichend für einen Ratenkredit. Höhe der mtl. Belastung kann durch Laufzeit angepasst werden.

c) Sollte die Familie Keller nicht besser das alte Auto weiterfahren und erst den Kaufpreis für ein neues Auto ansparen? Wie beurteilen Sie die **Kreditaufnahme** gegenüber dem **Ansparen**?

Vorteile:
– Neuwagen kann sofort genutzt werden
– Bei Preissteigerungen kann Abwarten ungünstiger sein
– Preisvorteile können genutzt werden
– Keine Reparaturkosten mehr für altes Auto
– höherer Preis erzielbar

Nachteile:
– moralische Bedenken wegen „Schuldenmachen"
– laufende Zinszahlungen, Kosten erhöhen sich dadurch
– entgangene Guthabenzinsen
– Soll-Zinsen sind höher als Haben-Zinsen

d) Welche Bedeutung hat die Kreditauskunft für die Bank und für den Kreditnehmer?

Für die Bank bedeutet die Kreditauskunft (SCHUFA, CreditReform) die Sicherheit, dass der Kredit mit großer Wahrscheinlichkeit ohne große Probleme zurückgezahlt werden kann.

Für den Kreditnehmer bedeutet dies aber, dass er seine Finanzlage offenlegen muss, dass er u. U. gar keinen Kredit bekommt und dass er sich daher aber auch nicht übernehmen kann.

Kapitel 4

Alle Rechte vorbehalten. • Jegliche Verwertung dieses Druckwerkes bedarf – soweit das Urheberrechtsgesetz nicht ausdrücklich Ausnahmen zulässt – der vorherigen schriftlichen Einwilligung des Verlages. • Verlag Handwerk und Technik G.m.b.H., Lademannbogen 135, 22339 Hamburg

▶▶ 57

e) Zwecks Absicherung der Bank soll eine Sicherungsübereignung des Autos erfolgen. Erklären Sie diese Art der Sicherheit und ihre Abwicklung.

Bei der Sicherungsübereignung wird die Bank Eigentümerin des Autos. Dies zeigt sich zum Beispiel daran, dass die Bank den Kfz-Brief einbehält. Familie Keller darf das Auto als Besitzerin zwar nutzen, kann aber nicht nach Belieben darüber verfügen. Oft muss der Besitzer eine Vollkaskoversicherung abschließen.

f) Wie hoch wäre die monatliche Rate bei den gegebenen Konditionen?

	Kreditbetrag	8.000,00 €	
+	Zinsen	600,00 €	
+	Bearbeitungsgebühren	240,00 €	
+	Restschuldversicherung	80,00 €	
=	Gesamtkreditbetrag	8.920,00 €	: 36 Monate
=	monatliche Belastung =	247,78 €	

g) Der Effektivzins für diesen Kredit beträgt 6,8%. Erläutern Sie die Bedeutung dieser Angabe.

Im Effektivzins sind alle Nebenkosten berücksichtigt (hier Bearbeitungsgebühr + Versicherung) und auf die Laufzeit umgelegt. Außerdem wird die Tatsache berücksichtigt, dass sich der Kreditbetrag durch die laufenden Tilgungen verringert. Durch die Angabe des Effektivzinses werden Kredite vergleichbar.

2 Der Autohändler wirbt mit einer günstig scheinenden Finanzierung seiner Autokreditbank:
⟳ 1,9% Effektivzins   ⟳ Laufzeit 36 Monate

Barzahlung wäre dem Händler allerdings lieber. Herr Keller hat für diesen Fall einen Barzahlungsnachlass von 10% ausgehandelt. Die Familie Keller müsste dann allerdings den Kredit (mit den oben genannten Konditionen) bei ihrer Bank aufnehmen.

Aus der folgenden Tabelle können Sie ablesen, ab welchem Preisnachlass der Kredit der Geschäftsbank günstiger ist als der Kredit der Autobank:

Bei einem Effektivzinssatz der Autokreditbank von 1,9 % und einer Laufzeit von 36 Monaten muss Herr Keller dies mit den Konditionen seiner Hausbank vergleichen (gleiche Laufzeit, Effektivzinssatz von oben circa 7 %). Laut Tabelle müsste Herr Keller dann einen Preisnachlass von mindestens 7,1 % vom Händler bekommen. Tatsächlich

		Nachlass auf den Autopreis in Prozent						
Laufzeit in Monaten	Effektivsatz der Hausbank	Effektivzinssatz der Autobank						
		0	0,9	1,9	2,9	3,9	4,9	5,9
12	6	3,1	2,6	2,1	1,6	1,1	0,6	0,1
	7	3,6	3,1	2,6	2,1	1,6	1,1	0,6
	8	4,1	3,6	3,1	2,6	2,1	1,6	1,1
	9	4,5	4,1	3,6	3,0	2,5	2,0	1,5
24	6	5,8	5,0	4,0	3,0	2,0	1,1	0,1
	7	6,7	5,9	4,9	3,9	3,0	2,0	1,1
	8	7,6	6,8	5,8	4,8	3,9	2,9	2,0
	9	8,5	7,6	6,7	5,7	4,8	3,8	2,9
36	6	8,5	7,2	5,8	4,4	3,0	1,6	0,1
	7	9,8	8,5	7,1	5,7	4,3	2,9	1,5
	8	11,0	9,8	8,4	7,0	5,6	4,3	2,9
	9	12,2	11,0	9,6	8,3	6,9	5,9	4,2

bekommt er aber sogar 10 %, sodass er mit dem Kreditangebot der Hausbank besser gestellt ist.

Kapitel

4

Arbeitsblatt zu „Wirtschaft heute" von Crone/Kühn

Der Umgang mit Geld

Verbraucherinsolvenz

Klasse: Datum:

Name:

1 Situation

Karins Schwester Sonja ist mit ihrem Freund Ingo – beide sind Auszubildende im größten Kaufhaus der Stadt – zusammengezogen. Sie haben natürlich unbegrenzte Wünsche und es ist ihnen zunächst auch nicht schwer gemacht worden, diese zu erfüllen. Dann aber kamen einige unerwartete Rechnungen …

Designer-Lampe 132 EUR · Marken-Rucksack 205 EUR · Ohrringe 98 EUR · Flug+Hotel 3.000 EUR · Designer-Uhr 75 EUR · Fehrnseher 780 EUR · Marken-Turnschuhe 149 EUR

a l *Was meinen Sie, durch welche Konsumwünsche Sonja und Ingo in die Schuldenfalle geraten sind?*

- (überhöhte) Ausgaben für
  - schicke Kleidung („angesagtes Outfit")
  - Handy (Klingeltöne, 0190-Nummern)
  - Auto, Wohnung und Einrichtung
  - Urlaub und Fitness (-Club)

- Aufnahme von Krediten und darausfolgende hohe Kreditraten
- leichtfertiger Umgang mit ec- und Kreditkarten
- Verlust des überblicks über Ausgaben und Verpflichtungen

b l *Wie konnte es passieren, dass die beiden von unerwarteten Rechnungen überrascht wurden?*

Unerwartete Autoreparatur, Nachzahlung bei der Heizkostenabrechnung

(und weitere Beispiele der Schüler)

c l *Wie hätten sich die beiden im Vorhinein vor diesen Problemen schützen können?*

Sonja und Ingo hätten einen Einnahmen- und Ausgabenplan erstellen müssen

und eine Reserve anlegen sollen, um auch für diese Fälle gewappnet zu sein.

2 Sonja und Ingo haben sich so sehr übernommen, dass sie nicht mehr alle Rechnungen begleichen können und mit der fälligen Zahlung von Kreditraten in Rückstand geraten sind. Ein gangbarer Weg ist in diesem Fall die so genannte **Verbraucherinsolvenz**. Klären Sie dazu folgende Fragen:

a l *An wen sollten sich Sonja und Ingo wenden, um ihre finanzielle Lage zu klären?*

Schuldnerberatungsstelle oder „geeignete" andere Person (z.B. Rechtsanwalt)

b l *Die Insolvenzordnung schreibt vor, dass zunächst eine außergerichtliche Einigung versucht werden muss. Warum wird solch eine Einigung gefordert und wie könnte sie aussehen?*

Schuldner und Gläubiger sollen zunächst versuchen, sich zu einigen, um Verwal-

tungsaufwand und Kosten zu vermeiden. Der Schuldner muss einen Plan vor-

legen, aus dem ersichtlich ist, in welchem Umfang/Zeitrahmen er die Schulden

möglichst umfassend tilgen kann. Die Gläubiger müssen ggf. auf einen Teil ihrer

Forderungen verzichten.

c| Können sich Schuldner und Gläubiger nicht einigen, muss sich der Schuldner die Ablehnung bescheinigen lassen und kann jetzt beim Amtsgericht einen Antrag auf Eröffnung eines Insolvenzverfahrens stellen. Wie sieht solch ein Verfahren aus?

Der Schuldner muss einen so genannten „Schuldenbereinigungsplan" und alle

dafür notwendigen Unterlagen vorlegen. Stimmt die Mehrheit der Gläubiger jetzt

zu oder wird die Zustimmung einzelner Gläubiger durch das Gericht ersetzt,

beginnt die so genannte „Wohlverhaltensphase".

d| Welche Pflichten muss der Schuldner in der 6-jährigen Wohlverhaltensphase erfüllen?

Der Schuldner muss

- sein Einkommen und Vermögen vollständig offen legen

- den pfändbaren Teil seines Einkommens an die Gläubiger abführen

- sich bei Arbeitslosigkeit um (jede zumutbare) Arbeit bemühen

- jeden Arbeitsplatz- und Wohnungswechsel anzeigen

e| Stellen Sie das Verfahren einer Verbraucherinsolvenz mithilfe des folgenden Ablaufplans in der richtigen Reihenfolge dar.

> Folgende Wörter sind ins Schaubild einzusetzen:
>
> • Bescheinigung erteilt? • Verfahren abgeschlossen • Versuch einer außergerichtlichen Eingung • Vereinfachtes Insolvenzverfahren mit 6-jähriger Wohlverhaltensphase • Verfahren ist gescheitert • Versuch erfolgreich? • Antrag auf Eröffnung des Insolvenzverfahrens • Bescheinigung darüber wird beantragt • Verfahren endet mit der Restschuldbefreiung • Mehrheit der Gläubiger stimmt zu • Schuldner hält Bedingung ein?

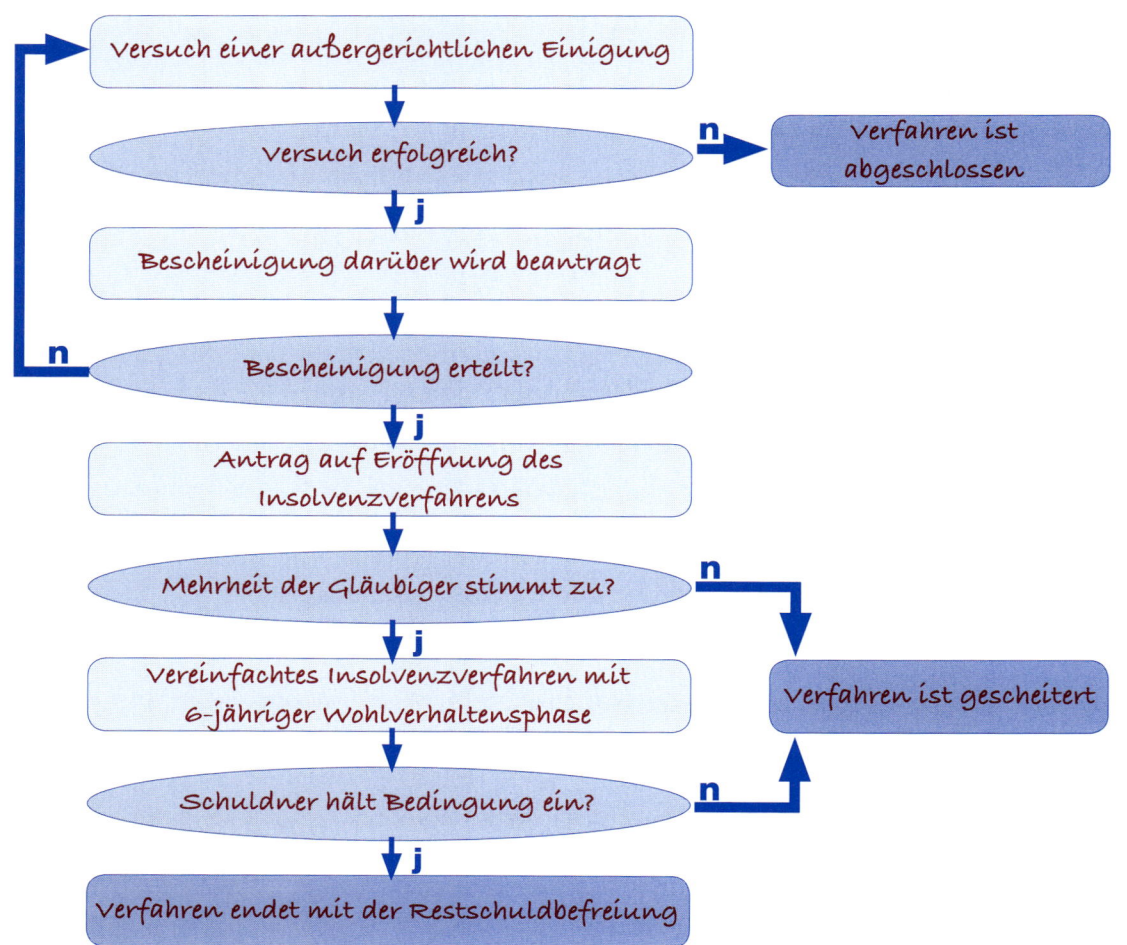

Klasse:	Datum:
Name: _____	

Situation

Der Auszubildende Hans Schneider hat seine Gesellenprüfung mit Erfolg bestanden. Der Ausbildungsbetrieb Wunder & Co. bietet ihm eine Stelle als Geselle an. Es wird ein Arbeitsvertrag (= Dienstvertrag) zwischen Schneider (= Arbeitnehmer) und Wunder (= Arbeitgeber) abgeschlossen.

1 Welche wesentlichen Unterschiede bestehen zwischen dem Ausbildungsvertrag und dem Arbeitsvertrag?

Ausbildungsvertrag	Arbeitsvertrag
schriftlich	mündlich möglich, aber Anspruch auf Schriftform nach dem Nachweisgesetz
Zeitvertrag	meist unbefristeter Vertrag
Probezeit zwischen 1 und 3 Monaten	Probezeit nach Vereinbarung (längstens 6 Monate)
Arbeitsinhalt (sehr breit)	Arbeitsinhalt (spezialisiert)

2 Welche Inhalte sollte ein Arbeitsvertrag haben?

– Art der Arbeit
– Beginn (und Ende) des Arbeitsvertrages
– Lohnhöhe
– Urlaub/Probezeit

– Weihnachtsgeld/Urlaubsgeld
– Arbeitszeit
– Vermögenswirksame Leistungen
– Ort der Tätigkeit
– Überstundenvergütung

3 Arbeitnehmer und Arbeitgeber übernehmen bestimmte Pflichten. Erklären Sie diese und ordnen Sie diese dem Arbeitgeber (AG) oder Arbeitnehmer (AN) zu.

Pflichten	Erklärungen	AG oder AN
Arbeitspflicht	Art, Umfang, Tempo werden vorgegeben. Man darf sich nicht vertreten lassen.	AN
Fürsorgepflicht	Leben, Gesundheit, Eigentum schützen, Steuern, Sozialversicherung bezahlen	AG
Weisungsgebundenheit	Weisungen im Rahmen des Arbeitsvertrages befolgen	AN
Treuepflicht	Stillschweigen über betriebliche Dinge bewahren	AN
Lohnzahlungspflicht	Lohn für Arbeitsleistung bezahlen	AG
Beschäftigungspflicht	Bei Nichtbeschäftigung besteht Lohnzahlungspflicht.	AG

4 Gegen welche Pflichten verstoßen die folgenden Fälle?

Die Schwester der Friseurin A., die Friseurmeisterin ist, springt stellvertretend ein, da A. verhindert ist.	Arbeitspflicht! Keine ungenehmigte Vertretung möglich
Arbeitgeber B. ist in Zahlungsschwierigkeiten. Deshalb zahlt er keine Sozialversicherungsbeiträge.	Fürsorgepflicht beachten
Meister C. spricht mit seinem Freund über die Gewinne seines Chefs.	Treuepflicht einhalten
Arbeiter D. kommt morgens in den Betrieb. Leider ist keine Arbeit für ihn da.	Beschäftigungspflicht
Der Chef verpflichtet Arbeiter E., den Hof zu fegen. E. weigert sich.	Weisungsgebundenheit

5 Meister Nierlich kündigt am 20. Februar seine Stellung. Wann darf er frühestens gehen, wenn er nichts Besonderes vereinbart hat?

4 Wochen zum 15. oder Ende des Kalendermonats = 31. März

6 Arbeiter Klein, 60 Jahre, 5 Kinder, hat in einer Auseinandersetzung den Chef schwer beleidigt. Der Chef kündigt ihm fristlos. Zu Recht?

Es ist zunächst eine Abmahnung notwendig. Bei Wiederholung ist eine fristlose Kündigung mit Zustimmung des Betriebsrats möglich.

7 Arbeiter Fröhlich wird aus betrieblichen Gründen entlassen. Der Betriebsrat wird vorher schriftlich verständigt. Er lässt nichts von sich hören. Ist die Kündigung gültig? (Begründung)

Schweigen des Betriebsrats hat die gleiche Wirkung wie Zustimmung. Die Kündigung ist gültig.

8 Gem. §1 KSchG muss jede Kündigung sozial gerechtfertigt sein. Was heißt das?

Bei einer Kündigung sind Lebensalter, Betriebszugehörigkeit, Unterhaltsverpflichtungen und Schwerbehinderung zu berücksichtigen.

9 Nennen Sie sechs Personengruppen, die einen besonderen Kündigungsschutz genießen:

– Betriebsrat/Jugendvertretung   – Wehr- und Zivildienstleistende

– werdende und stillende Mütter   – Auszubildende

– Schwerbehinderte   – langjährige Mitarbeiter

10 Warum ist einem Auszubildenden nach der Probezeit nicht ordentlich zu kündigen?

Der Auszubildende soll seine Ausbildung ungestört abschließen können, auch wenn Unstimmigkeiten zwischen Arbeitgeber und Auszubildendem auftreten.

1 Kündigungsschreiben

Möbelwerk Möller GmbH
Bergstraße 25 • 12345 Neustadt

Möbelwerk Möller GmbH • Bergstraße 25 • 12345 Neustadt

Herrn
Hans-Peter Grau
Bergstraße 5
12345 Neustadt

Neustadt, den   15. Juli 20..

Kündigung

Sehr geehrter Herr Grau,

wir bedauern, Ihnen hiermit nach reiflicher Überlegung das Arbeitsverhältnis zum 1. August dieses Jahres kündigen zu müssen, wenn Sie nicht umgehend die erforderliche Pünktlichkeit einhalten. Die Gründe liegen, wie Sie aus unserer Aussprache vom 23. Juni dieses Jahres wissen, ausschließlich in Ihrem Verhalten.

Mit freundlichen Grüßen

Hausmann, Geschäftsführer

Beurteilen Sie das vorstehende Kündigungsschreiben und nennen Sie die Fehler, die darin gemacht wurden.

Die Kündigung ist unwirksam, weil folgende Fehler gemacht wurden:

– Die Kündigungsfrist ist viel zu kurz.

– Es fehlt die Aussage, ob der Betriebsrat gehört wurde.

– Die Kündigung enthält eine Bedingung. Bedingte Kündigungen sind

rechtsunwirksam.

2 Herr Roth, ebenfalls im Möbelwerk Möller in der Verwaltung beschäftigt, hat selbst gekündigt. Die Firma war mit allen seinen Leistungen sehr zufrieden und schreibt ihm folgendes Zeugnis:

Möbelwerk Möller GmbH
Bergstraße 25 • 12345 Neustadt

Neustadt, den 28. April 20..

Zeugnis

Herr Matthias Roth, geb. am 15. März 1974, war bis zum 30. April 20.. in unserem Unternehmen beschäftigt. ①

Herr Roth hat folgende Aufgaben in unserer Verkaufsabteilung ausgeübt: Angebotserstellung, Auftragsbearbeitung und -abwicklung. Er bearbeitete außerdem alle Reklamationen und Gewährleistungsfragen. ②

Herr Roth zeigte gute Fachkenntnisse. ③ Er bemühte sich, den zeitweise starken Arbeitsanfall zu bewältigen, ④ und arbeitete stets zuverlässig, äußerst genau und verantwortungsbewusst. ⑤ Er beherrschte seinen Arbeitsbereich ⑥ und bewältigte im Wesentlichen seine Aufgaben. ⑦

Sein persönliches Verhalten gegenüber Vorgesetzten und Kunden war einwandfrei.⑧ Wir lernten in ihm einen umgänglichen Kollegen kennen. ⑨

Wir bedauern, einen tüchtigen Mitarbeiter zu verlieren. ⑩ Herr Roth verlässt uns auf eigenen Wunsch. ⑪ Wir wünschen ihm für die Zukunft alles Gute. ⑫

Möbelwerke Möller GmbH

Kümmerle, Arbeitsvorbereitung ⑬

Überprüfen Sie, ob das Zeugnis richtig formuliert wurde, unter der Voraussetzung, dass man mit allen Leistungen Roths sehr zufrieden war:

① Es fehlt das Eintrittsdatum in die Firma
② in Ordnung
③ falsch! „...verfügt über umfassende und vielseitige Fachkenntnisse"
④ falsch! „... ist auch starkem Arbeitsanfall jederzeit gewachsen"
⑤ in Ordnung
⑥ zu wenig! „... beherrschte seinen Arbeitsbereich sicher, hatte oft neue Ideen und fand optimale Lösungen"
⑦ falsch! „... er bewältigte seine Aufgaben stets zu unserer vollsten Zufriedenheit"
⑧ falsch! „Sein persönliches Verhalten war stets vorbildlich"

⑨ falsch! „Bei Vorgesetzten, Kollegen und Geschäftspartnern war er sehr geschätzt"
⑩ besser: „Wir bedauern seine Entscheidung sehr, da wir einen sehr tüchtigen Mitarbeiter verlieren"
⑪ in Ordnung
⑫ in Ordnung
⑬ Zeugnisse muss der Geschäftsführer oder ein Prokurist unterschreiben. Ein beauftragter Mitarbeiter ist dazu nicht befugt.

1 Kreuzen Sie in der Tabelle an, ob die Zeugnisaussagen sehr gut, gut, befriedigend oder nicht befriedigend bedeuten.

Geheimsprache im Arbeitszeugnis	Entspricht den Anfordungen			
Der Arbeitnehmer bzw. die Arbeitnehmerin	Sehr gut	Gut	Befriedigend	Nicht befriedigend
… hat die übertragenen Arbeiten zur vollen Zufriedenheit erledigt.			X	
… hat die ihm übertragenen Arbeiten stets zu unserer vollen Zufriedenheit erledigt.		X		
… zeigte ein vorbildliches Verhalten zu Mitarbeitern und Vorgesetzten (Achtung: Mitarbeiter stehen vor Vorgesetzten!)			X	
Das Verhalten zu Vorgesetzten und Mitarbeitern war vorbildlich. (Achtung: Vorgesetzter steht vor Mitarbeiter!)		X		
… verfügte über Fachwissen und setzte es ein.				X
… verfügte über ein abgesichertes, erprobtes Fachwissen und löste durch dessen sichere Anwendung auch schwierige Aufgaben.		X		
… besitzt ein hervorragendes, jederzeit verfügbares Fachwissen und löst selbst schwierigste Aufgaben.	X			
… verfügte über das erforderliche Fachwissen und setzte es erfolgversprechend ein.			X	
… hatte immer wieder ausgezeichnete Ideen, gab wertvolle Anregungen; ergriff selbstständig alle erforderlichen Maßnahmen und führte diese entschlossen durch.	X			
… gab gelegentlich eigene Anregungen; übernahm die übertragenen Aufgaben und führte sie aus.			X	

2 Worin besteht der Unterschied zwischen einem einfachen und einem qualifizierten Zeugnis?

Merkmale eines einfachen Zeugnisses	Merkmale eines qualifizierten Zeugnisses
Angaben über Person des Arbeitnehmers	Angaben über Person des Arbeitnehmers
Dauer der Beschäftigung (Eintritt und Austritt)	Dauer der Beschäftigung (Eintritt und Austritt)
Art der Beschäftigung (typische Merkmale)	Art der Beschäftigung (umfassende Beschreibung mit typischen Merkmalen)
	Verhalten und Benehmen
	berufliche Kenntnisse, Fertigkeiten, Fähigkeiten, Geschicklichkeit, Sorgfalt, Schlüsselqualifikationen
	Einstellung zur Arbeit, Einsatzfreude, Leistung

3 Situation

Daniel arbeitete zunächst 3 Jahre bei Firma Karlmann, dann wechselte er zu Firma Fuchs, wo er mittlerweile seit 2 Jahren arbeitet und nun innerhalb der Firma die Abteilung gewechselt hat. Er bekommt ein Zwischenzeugnis von seinem Chef und hat dazu viele Fragen.

"?" *Wie sind diese arbeitsrechtlich zu beantworten?*

a l Ich wechsle innerhalb der Firma die Abteilung. Ist es nötig, dass ich mir ein Zwischenzeugnis ausstellen lasse?

Es ist keine Pflicht, aber es ist von Vorteil, wenn Sie sich ein Zwischenzeugnis ausstellen lassen. Sie besitzen dann ein weiteres Dokument zur Vorlage bei einer späteren Bewerbung.

b l Habe ich Anspruch auf ein Zeugnis bei Beendigung meines Arbeitsverhältnisses? Wozu dient es?

Ein Mitarbeiter kann bei Beendigung des Arbeitsverhältnisses von seinem Arbeitgeber die Ausstellung eines Arbeitszeugnisses verlangen (§630 BGB). Das Arbeitszeugnis dient als Unterlage für künftige Bewerbungen des Arbeitnehmers und darf deshalb durch seinen Inhalt das weitere berufliche Fortkommen nicht unnötig erschweren. Außerdem soll das Zeugnis bei einer Bewerbung den neuen Arbeitgeber über den Bewerber unterrichten.

c l Was kann ich tun, wenn ich mit dem Inhalt des Arbeitszeugnisses nicht einverstanden bin?

Formulieren Sie einen Gegenvorschlag. Falls der betreffende Arbeitgeber damit nicht einverstanden ist, liegt die Beweispflicht bei Ihnen. D.h., Sie müssen beweisen, dass Sie besser gearbeitet haben, als dies im Zeugnis steht (z. B. durch Qualifikationen, sofern diese regelmäßig, umfassend und ausführlich stattgefunden haben).

d l Kann ich die gewünschten Änderungen auch selber vornehmen?

Nein, ein Arbeitszeugnis ist eine Urkunde. Sie würden damit eine Urkundenfälschung begehen.

e l Bei Firma Karlmann habe ich kein Zeugnis bekommen. Kann ich jetzt noch ein Arbeitszeugnis verlangen?

Die Verjährungsfrist für den Zeugnisanspruch und für Änderungsanträge im Arbeitszeugnis beträgt 30 Jahre. Der Arbeitgeber muss die Personalakte 10 Jahre lang nach Beendigung des Arbeitsverhältnisses aufbewahren. Danach ist die Erstellung eines „wahrheitsgemäßen Zeugnisses" wahrscheinlich nicht mehr möglich.

f l Reicht ein mündliches Arbeitszeugnis ebenfalls aus?

Nein. Ein mündliches Zeugnis gilt als Auskunft, nicht aber als Zeugnis. Alle Zeugnisse müssen schriftlich abgefasst sein, sie sind Urkunden.

Arbeitsrecht
Kündigungsschutz

1 Kreuzen Sie an der richtigen Stelle an.

Kündigungsgründe sind...	... in der Person begründet	... im Verhalten begründet	... betrieb-liche Erfor-dernisse	... rechtlich nicht haltbar
lang anhaltende Krankheit	X			
Verlassen des Arbeitsplatzes		X		
mangelnde Aufträge			X	
dauerhafte Verweigerung von Überstunden		X		
mangelnde Einsatzfähigkeit		X		
Unpünktlichkeit		X		
Rationalisierung			X	
neuer Chef				X
Störung des Betriebsfriedens		X		

2 Unter welchen Voraussetzungen ist ein Arbeitnehmer vom Kündigungsschutz ausgeschlossen?

a) Wenn das Arbeitsverhältnis nicht länger als 6 Monate besteht

b) Wenn der Betrieb 10 oder weniger Arbeitnehmer beschäftigt

3 Mit welcher Begründung bekommen folgende Personengruppen einen besonderen Kündigungsschutz?

a) Betriebsratsmitglieder: Um auch unangenehme Dinge gegenüber dem Chef vertreten zu können, ohne Gefahr einer Kündigung

b) Werdende und stillende Mütter: Da sie während und nach der Schwangerschaft besonders schutzwürdig sind

c) Langjährige Mitarbeiter: Sie haben eine längere Kündigungsfrist, da sie möglicherweise größere Schwierigkeiten am Arbeitsmarkt haben.

4 Wie sind die folgenden Fälle zu lösen?

a) Bernd Muster ist Konditor und wird am 15. Juni 18 Jahre. Ab dem 1. Juli will Muster, der Mitglied der Gewerkschaft NGG ist, in Urlaub fahren. Er plant 25 Werktage Urlaub ein. Konditormeister Traub zeigt Muster den gültigen Tarifvertrag, in dem 20 Werktage Urlaub vorgesehen sind.
Wie viel Urlaub steht Bernd Muster zu?

Ab 15. Juni ist B. Muster volljährig. Es gelten für ihn die Bedingungen des Tarifvertrages. Der Urlaub von Bernd richtet sich noch nach dem JArbSchG. Am Anfang des Jahres war Bernd noch nicht 18 Jahre. Er hat deshalb Anspruch auf 25 Werktage Jahresurlaub.

b | Das Ehepaar Andrea und Heinz Müller hat Nachwuchs bekommen. Heinz arbeitet als Monteur, Andrea ist nicht berufstätig. Trotzdem beantragt Heinz Elternzeit. Zu Recht?

Heinz hat in diesem Fall keinen Anspruch auf Elternzeit, weil seine Frau nicht erwerbstätig ist.

c | Arnold Hilf ist seit 15 Jahren als Dreher im Betrieb Ebbinhaus beschäftigt. Hilf ist 32 Jahre alt, hat 2 unterhaltsbedürftige Kinder und ist seit 10 Jahren verheiratet. Seine Frau arbeitet nicht.

Norbert Ruf arbeitet ebenfalls dort, aber erst seit 9 Jahren. Er ist 28 Jahre alt und hat 3 unterhaltspflichtige Kinder. Seine Frau geht einer geringfügigen Tätigkeit nach.

Hilf wird aus betrieblichen Erfordernissen gekündigt, da Ruf bessere Leistungen erbringt. Ist diese Kündigung sozial gerechtfertigt?

Die Kündigung ist nicht sozial gerechtfertigt, weil eine falsche Sozialauswahl getroffen wurde.

– Hilf arbeitet länger im Betrieb.
– Hilfs Ehefrau arbeitet nicht.
– Hilf ist älter.

d | Dekorationsnäherin Angelika Huber ist seit Abschluss ihrer Lehre mit 18 Jahren beim Raumausstatter Klingberg beschäftigt. Frau Huber ist jetzt 50 Jahre alt. Ihr wird aus betriebsbedingten Gründen ordentlich mit einer 4-Wochen-Frist zum 15. des Folgemonats gekündigt. Zu Recht?

Die Kündigungsfrist ist nicht eingehalten. Zur Berechnung werden die Dienstjahre vor dem 25. Lebensjahr zwar weggelassen, trotzdem ist Frau Huber dann noch 25 Jahre dort beschäftigt. Es gilt als Kündigungsfrist 7 Monate zum Monatsende.

ANKREUZTEST (jeweils eine Antwort ist richtig):

a | In welcher Form **muss** ein Arbeitsvertrag mindestens abgeschlossen werden?
- ○ schriftlich, aufgrund des Nachweisgesetzes
- ○ mündlich
- ○ auch bei 18-Jährigen mit Zustimmung der Eltern
- ○ vor der Handwerkskammer
- ⊗ mündlich plus Niederschrift aufgrund Nachweisgesetz

b | Welche der folgenden Pflichten gehört **nicht** zu den Pflichten des Arbeitgebers?
- ⊗ Treuepflicht
- ○ Lohnzahlungspflicht
- ○ Beschäftigungspflicht
- ○ Pflicht auf Bezahlung der Sozialversicherung
- ○ Pflicht zur Ausstellung eines Zeugnisses bei Ausscheiden aus der Firma

c | Eine ordentliche Kündigung ist grundsätzlich zulässig bei
- ○ Jugendvertretern
- ○ Schwangeren
- ○ Zivildienstleistenden
- ⊗ langjährigen Mitarbeitern
- ○ Auszubildenden

d | Eine fristlose Kündigung ist möglich bei
- ○ Unpünktlichkeit
- ⊗ schwerem Diebstahl
- ○ Verweigerung von Überstunden
- ○ Unterlassen von Krankmeldung
- ○ wiederholter Krankheit

Klasse:	Datum:
Name:	

Tarifverträge

		Manteltarifvertrag	Lohn- und Gehalts-rahmentarifvertrag	Lohn- und Gehalts-tarifvertrag
1	Wie wird der Tarif-vertrag auch noch bezeichnet?	Manteltarifvertrag	Lohn- und Gehalts-rahmentarifvertrag	Lohn- und Gehalts-tarifvertrag
2	Für wie lange wird der Tarifvertrag ungefähr abge-schlossen?	für mehr als 2 Jahre	für mehr als 2 Jahre	für 1 - 2 Jahre
3	Was wird im jeweiligem Tarifvertrag geregelt?	– Probezeit – Aushilfstätigkeit – Kündigung – Zeugnisse – Arbeitszeit – Ruhepausen – Mehr-, Spät-, Nacht-, Sonn- und Feiertags-arbeit – Kurzarbeit – Arbeitsbefreiung – Urlaub – Unfallschutz	– Grundsätze zur Arbeits- und Leistungsbewertung – Lohngruppen – Eingruppierung von Arbeitnehmern in Lohngruppen	– Lohn- und Gehalts-höhe – Zulagen – Zuschläge – Lohnfortzahlung – Akkordlohn – Erfolgsbeteiligung

4 Warum ist der Abschluss von Tarifverträgen sinnvoll?

Sinnvoll für Arbeitnehmer:

– Mindestarbeitsbedingungen werden gesichert (Lohn + Urlaub)

– für gleiche Arbeit und Verantwortung erhält man gleichen Lohn

Sinnvoll für Arbeitgeber:

– feste Tarife lassen die Kosten besser kalkulieren

– gleiche Lohnzahlungen auch bei der Konkurrenz

– durch Friedenspflicht Streiks ausge-schlossen

5 Im Folgenden sind Teile einer **Betriebsvereinbarung** (= Arbeitsordnung, Betriebsordnung) mit Lücken abgedruckt. Füllen Sie diese aus:

> schwarzen Brett – Arbeitgeber – Mitarbeiter – Betriebsrat – Auszubildende – Betriebsfrieden – Arbeitsablauf

Allgemeine Bestimmungen

Die Betriebsvereinbarung wird zwischen dem _Arbeitgeber_ und dem _Beriebsrat_ vereinbart.

Sie soll den _Betriebsfriede_ gewährleisten und einen reibungslosen _Arbeitsablauf_ ermöglichen.

Sie ist vom Zeitpunkt des Inkrafttretens für alle _Mitarbeiter_ und _Auszubildende_ verbindlich.

Ein Exemplar der Betriebsvereinbarung ist ständig am _schwarzen Brett_ auszuhängen.

6 Zur notwendigen Ordnung im Betrieb sind folgende Regelungen notwendig. Was könnte wohl dort geregelt werden?

a) *Arbeitszeit:* – Beginn und Ende

– Regelung der gleitenden Arbeitszeit

b) *Pause:* Beginn und Ende aller Pausen

c) *Urlaub:* Beginn und Dauer des einzelnen Urlaubs, Festlegung der Urlaubsliste

d) *Lohn- und Gehatszahlung:* – bargeldlose Zahlung

– Zeitpunkt der Lohnzahlung

7 Auch die Verhaltensweisen des Arbeitnehmers werden dort vorgegeben. Nennen Sie vier mögliche Verhaltensvorgaben.

a) Tragen von Schutzkleidung

b) Rauchverbot in bestimmten Räumen, z. B. Werkstatt

c) Alkoholverbot

d) Behandlung von Maschinen, Werkzeug, Material

Klasse:	Datum:
Name:	

1 Stellen Sie dem Betriebsrat die Jugend- und Auszubildendenvertretung gegenüber.

	Betriebsrat	Jugend- und Auszubildendenvertretung
Wer ist wahlberechtigt?	alle deutschen und ausländischen Arbeitnehmer über 18 Jahre	alle deutschen und ausländischen Arbeitnehmer unter 18 Jahren und Azubis unter 25 Jahren
Wer ist wählbar?	alle Arbeitnehmer, die mindestens 6 Monate dem Betrieb angehören	alle Arbeitnehmer bis einschließlich 24. Lebensjahr, die mind. 6 Monate dem Betrieb angehören
Für wie lange?	alle 4 Jahre	alle 2 Jahre
Welche Aufgaben haben sie?	– Konflikte und Spannungen ausgleichen oder vorbeugen – Tätigkeitsbericht jedes Vierteljahr – Anhörungs- und Mitwirkungsrechte	– bei Problemen der Berufsausbildung – Einhaltung der Gesetze und Verordnungen für die Jugendlichen kontrollieren

2 Die folgenden Fälle werden dem Betriebsrat vorgelegt. Wie wird er entscheiden oder empfehlen?

a) Claudia arbeitet als Schreibkraft in einem Büro eines großen Handwerksbetriebes mit noch zwei anderen Kolleginnen. Wegen einer rheumatischen Erkrankung versteifen sich ihre Finger der linken Hand. Sie kann die Schreibarbeit nicht mehr erledigen. Da eine Kündigung aus gesundheitlichen Gründen wahrscheinlich wird, wendet sie sich an den Betriebsrat. Was kann der bewirken?

Vor einer Kündigung ist zu prüfen, ob sie nicht mit einer Kollegin den Arbeitsplatz tauschen oder nach einer Umschulung eine andere Position im Unternehmen übernehmen kann.

b) Manfred arbeitet in der Nachtschicht, nutzt aber seine Freizeit kurz vor dem Mittagessen dazu, um in der Kantine Flugblätter zum Thema „Kernkraftwerke" zu verteilen. Manfred erhält vom Chef eine Abmahnung mit dem Hinweis, bei Wiederholung die Kündigung auszusprechen. Er wendet sich an den Betriebsrat.

Politische Meinungsäußerungen stellen eine Störung des Betriebsfriedens dar. Hier wurde jedoch nur ein Flugblatt verteilt. Das Lesen ist freiwillig, deshalb wird die Arbeitsleistung nicht gestört. Die Abmahnung ist nicht berechtigt.

c| Elektriker Franz Schön bricht einen Schrank im Sozialraum auf und entwendet aus der dort abgelegten Kleidung eine Geldbörse. Er wird dabei von einem Kollegen gesehen, der den Chef sofort benachrichtigt. Der Chef kündigt Schön fristlos ohne Abmahnung. Schön wendet sich an den Betriebsrat.

Eine vorherige Abmahnung ist hier nicht notwendig, weil es sich bei dieser Straftat um eine schwere Beeinträchtigung des Betriebsfriedens handelt. Der Betriebsrat wird dieser Kündigung sicher nicht widersprechen.

3 In welcher Form darf der Betriebsrat bei unternehmerischen Entscheidungen mitbestimmen?

Der Betriebsrat hat folgende Rechte... ...bei folgenden Fällen	Mitbe-stimmung	Mit-wirkung	Unter-richtung
1. Kündigungen		X	
2. Investitionen			X
3. Erstellung der Betriebsvereinbarung	X		
4. Erstellung des Urlaubsplanes	X		
5. Akkord- und Prämiensätze	X		
6. Änderung der Betriebsorganisation			X
7. Festlegung der täglichen Arbeitszeit und Pausen	X		
8. Gestaltung des Arbeitsplatzes			X
9. Einstellungen		X	
10. Unfallverhütung	X		

ANKREUZTEST (jeweils eine Antwort ist richtig):

a| Unter **Tarifautonomie** versteht man:

- ◯ Arbeitgeberverband und Gewerkschaft verhandeln über Tarifvertrag unter Beachtung staatlicher Vorschriften.
- ⊗ Der Staat darf sich grundsätzlich bei Tarifverhandlungen nicht einmischen.
- ◯ Der Staat greift vermittelnd in Tarifverhandlungen ein.
- ◯ Der Wirtschaftsminister gibt für die Lohntarifverhandlungen die ungefähre Steigerung vor.

b| Unter **Friedenspflicht** versteht man:

- ◯ Es dürfen keine politischen Reden im Betrieb gehalten werden.
- ◯ Die Friedenspflicht verhindert den Streik nach Beendigung des Tarifvertrages.
- ◯ Nach Streiks müssen alle Arbeitnehmer wieder im Betrieb aufgenommen werden; es dürfen keine Kündigungen erfolgen.
- ✗ Während der Tarifvertragsdauer darf der Produktionsprozess nicht durch Streiks oder Aussperrungen unterbrochen werden.

c| **Warnstreik** bedeutet:

- ⊗ Kurze Arbeitsunterbrechungen sollen die Gewerkschaft in laufenden Tarifverhandlungen unterstützen.
- ◯ Länger anhaltende Streiks sollen den Unternehmen als Warnung für das Erfüllen der Gewerkschaftsordnungen dienen.
- ◯ Streik aller Arbeitnehmer über eine bestimmte Zeit.
- ◯ Während der Laufzeit des Tarifvertrages finden kurze Streiks statt, um Forderungen der Arbeitnehmer zu unterstützen.

Klasse:	Datum:
Name:	

Mitbestimmungsmodell mit 9 Aufsichtsratmitgliedern

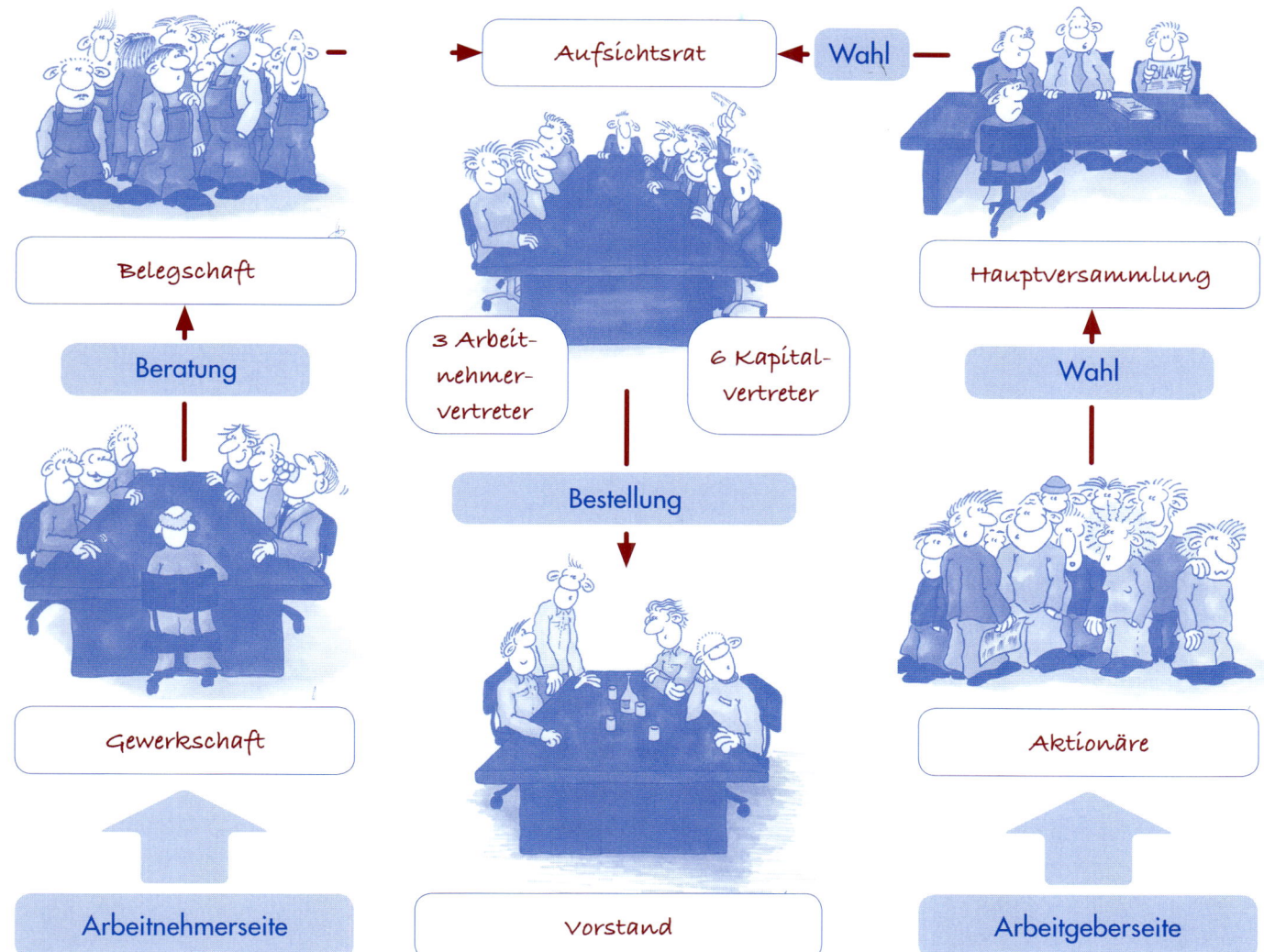

Erarbeiten Sie das Mitbestimmungsmodell:

1 Benennen Sie die einzelnen Organe und kennzeichnen Sie durch Pfeile den Weg der Wahlen bzw. der Ernennungen.

> Belegschaft – Gewerkschaften – Vorstand – Hauptversammlung – Aktionäre – Aufsichtsrat –
> 3 Arbeitnehmervertreter – 6 Kapitalvertreter

2 Welches Mitbestimmungsmodell stellt dieses Schaubild dar?

Es stellt die Beteiligung nach dem Betriebsverfassungsgesetz von 1952 für Firmen mit weniger als 2000 Mitarbeitern und mehr als 500 Mitarbeitern dar (Gesetz wurde am 3. November 2004 geändert in das so genannte „Drittelbeteiligungsgesetz").

5 Arbeitsrecht

Arbeitsgericht

1 Wofür ist das Arbeitsgericht zuständig?

= sachliche Zuständigkeit

– *Arbeitsvertrag*

– *Tarifvertrag*

– *Mitbestimmung*

– *Betriebsordnung*

3 Welches Arbeitsgericht ist örtlich zuständig?

= örtliche Zuständigkeit

das Arbeitsgericht am

Wohnsitz der beklagten

Partei

2 Von wem darf man sich im Prozess vertreten lassen?

= Prozessvertretung

– *die streitenden Parteien sich*

selbst vertretend

– *Rechtsanwalt*

– *Gewerkschaft*

– *Innung*

– *Verband*

4 Wer darf das Arbeitsgericht anrufen?

= Parteifähigkeit

alle, die rechtsfähig sind

5 Wie muss eine Klage aussehen? Notieren Sie in der rechten Spalte die allgemeinen Inhalte in Stichwörtern.

Beispiel für eine Klage	Allgemeine Inhalte
An das Arbeitsgericht Frankfurt	*Adresse des Arbeitsgerichts*
In Sachen des am 05. Sept. 1990 geborenen minderjährigen Auszubildenden Walter Schneider, gesetzlich vertreten durch seine Eltern, den angestellten Anton Schneider und die Hausfrau Birgit Schneider, geb. Becker, 60589 Frankfurt, Hauptstraße 4, gegen	*Kläger:* *Vor- und Familienname, Beruf, Stand oder Gewerbe und Anschrift aller Prozessbeteiligten müssen genau bezeichnet werden (bei Minderjährigen auch der gesetzliche Vertreter).*
den Kaufmann Otto Barth, 61234 Frankfurt, Neustraße 5,	*Beklagter:* *Vor- und Familienname, Beruf, Stand oder Gewerbe und Anschrift aller Prozessbeteiligten müssen genau bezeichnet werden.*
erhebe ich Klage und beantrage zu erkennen:	*Die Klage muss einen bestimmten Antrag enthalten.*
I. Es wird festgestellt, dass das Arbeitsverhältnis der Parteien durch die am 31. April 2005 ausgesprochene fristlose Kündigung der Beklagten nicht aufgelöst worden ist.	*Der Kläger muss angeben, welche Entscheidung des Gerichts er begehrt.*
II. Der Beklagte wird verurteilt, an den Kläger 900,00 € nebst 4 % Zinsen seit Klageerhebung zu zahlen.	*Der Kläger muss angeben, wie hoch die Entschädigung sein soll.*
III. Die Beklagte trägt die Kosten des Rechtsstreits.	*Der Kläger muss angeben, wer die Kosten des Rechtsstreits tragen soll.*

Klasse:	Datum:
Name:	

1 In der Textilfabrik Lörrach werden unterschiedliche Formen der Entlohnung angewandt.

a| Erklären Sie die folgenden Lohnformen:

Lohnformen

Zeitlohn

= Dauer der Arbeitszeit

wird entlohnt

• Stundenlohn

• Tagelohn/Wochenlohn

• Monatslohn (Gehalt)

Leistungslohn

= die Leistung

wird entlohnt

Beteiligungslohn

= Beteiligung am Erfolg

eines Unternehmens

• Kapitalbeteiligung

• Gewinnbeteiligung

• Umsatzbeteiligung

Akkordlohn

= produzierte Menge oder

Produktionszeit wird

entlohnt

• Geldakkord

• Zeitakkord

• Gruppenakkord

Prämienlohn

= Vergütung für besondere

(Zusatz-)Leistungen

• Qualitätsprämie

• Anerkennungsprämie

• Einsparprämie

b| Ordnen Sie den folgenden Berufen/Tätigkeiten in der Textilfabrik eine geeignete Lohnform zu:

Maschineningenieur zur Betreuung der Näh- und Webmaschinen	Zeitlohn/Gehalt
Näherin an einer Nähmaschine mit möglichst fehlerfreier Arbeit	Akkordlohn mit Qualitätsprämie
Außendienstmitarbeiter (Vertreter) für die Betreuung von Großabnehmern	Zeitlohn, ggf. mit Umsatzbeteiligung
Hilfsarbeiter für die Warenannahme und -Ausgabe	Zeitlohn (Stunden- oder Tagelohn)
Weber an einem halbautomatischen Webstuhl	Akkordlohn

c) Stellen Sie Vor- und Nachteile von Zeitlohn und Leistungslohn einander gegenüber:

	Zeitlohn	Leistungslohn
Vorteile	– einfache Lohnabrechnung – festes Einkommen für AN – weniger Leistungsdruck – häufig bessere Qualität	– leistungsgerechte Entlohnung – AN beeinflusst selber Leistung und damit Lohnhöhe – Belohnung von Qualitätsarbeit – Kalkulation der Stückkosten ist einfacher
Nachteile	– Leistungsunterschiede werden nicht berücksichtigt – kaum Leistungsanreiz für AN – Betrieb trägt das Risiko von schlechter Arbeitsleistung	– Quantität geht vor Qualität – Qualitätskontrollen notwendig – „Stress" für AN und Maschinen – schwierige Berechnung bei Prämienlohn

2 Berechnen Sie folgende Löhne der Textilfabrik für einen Monat mit 21 Arbeitstagen:

 a) Näherin Annelies arbeitet pro Woche 38,5 Stunden und erhält einen Stundenlohn von 10,80 €. Welcher Betrag wird am Monatsende überwiesen?

1. Wie lautet die allgemeine Formel zur Berechnung des Bruttolohns?

Stundenlohn x Stunden/Tag x Arbeitstage = monatlicher Bruttolohn

2. Berechnen Sie.

10,80   x   7,7   x   21   =   1.746,36 €

b) Näherin Marie bekommt auch 10,80 € pro Stunde. Sie arbeitet aber im Akkord und bekommt 0,54 € pro Stück. Die Normalleistung pro Tag ist 154 Stück, die durch eine Arbeitszeitstudie festgelegt wurde. Sie arbeitet ebenfalls 38,5 Stunden pro Woche. Errechnen Sie ihren Monatsverdienst bei Normalleistung und bei erhöhter Leistung von 200 Stück pro Tag.

1. Wie lautet die allgemeine Formel?

erarbeitete Menge x Geldakkordsatz = monatlicher Bruttolohn

2. Berechnen Sie: – für 154 Stück   – für 200 Stück

154 x 0,54 x 21 = 1.746,36 €   200 x 0,54 x 21 = 2.268,00 €

c) Die Textilfabrik stellt von Stückgeldakkord auf Stückzeitakkord um. Die Normalleistung beträgt nun 3 Minuten pro Stück. Errechnen Sie den Monatsverdienst für die Normalleistung und die erhöhte Leistung von 200 Stück.

1. Wie lautet die allgemeine Formel?

erarbeitete Menge x Vorgabezeit x Minutenfaktor x Arbeitstage = mtl. Bruttolohn

2. Wie errechnet sich der Minutenfaktor?

$$\text{Minutenfaktor} = \frac{\text{Grundlohn}}{60} = \frac{10,80}{60} = 0,18 \text{ €/min.}$$

3. Berechnen Sie: – für 154 Stück: – für 200 Stück:

154 x 3 x 0,18 x 21 = 1.746,36 €   200 x 3 x 0,18 x 21 = 2.268,00 €

Kapitel

6

Arbeitsblatt zu „Wirtschaft heute" von Crone/Kühn

Entlohnung der Arbeit

Lohnformen (2)

Klasse:	Datum:
Name:	

3 Der folgende Zeitungsausschnitt zeigt, dass das Problem der Mitarbeiterbeteiligung erkannt und zum Teil in (größeren) Firmen umgesetzt wird:

Mit einem Optionsplan will der Konzern die Belegschaft motivieren und am Erfolg beteiligen

VW-Aktien für die Mitarbeiter

WOLFSBURG (dpa) Die Volkswagen AG will den fast 90 000 Beschäftigen der sechs VW-Werke in Deutschland die Möglichkeit geben, Aktionäre des Unternehmens zu werden. Über einen neuen Opti- onsplan sollen sie in einigen Jahren mit der Aktie ihres Arbeitgebers kräftig Kasse machen und gleich- zeitig stärker auf die Gewinnziele des Vorstands ver- pflichtet werden.

a l Welches sind die Motive, ihre Mitarbeiter am Erfolg des Unternehmens zu beteiligen?

– Bindung an das Unternehmen, um zu starke Fluktuation zu vermeiden

– Erhöhung der Arbeitsproduktivität durch motivierte Mitarbeiter

– Verbesserung des Betriebsklimas

b l Welche Bedeutung hat eine Kapitalbeteiligung für das Unternehmen und für den Mitarbeiter?

Unternehmen: – dem Unternehmen fließt Kapital zu (bzw. bleibt erhalten)

– Kapitalbeschaffung ohne Beteiligung einer Bank

Mitarbeiter: – spart Vermögen an

– zusätzliche Säule für die Altersversorgung

c l Der Mitarbeiter kann am Eigenkapital oder am Fremdkapital beteiligt werden. Erläutern Sie diese beiden Möglichkeiten.

Beteiligung am Eigenkapital: – Je nach der Rechtsform der Unternehmung erhält der

Mitarbeiter Belegschaftsaktien, Kommanditanteil

– Damit bekommt der Mitarbeiter Gewinnanteile ausgeschüttet (Dividende/Zins)

und nimmt bei Aktien an der Kursentwicklung teil

Beteiligung am Fremdkapital: – Der Mitarbeiter erhält bestimmte Lohnteile nicht

ausgezahlt, sondern sie bleiben als Fremdkapital in der Firma

– Damit hat er Anspruch auf einen (marktüblichen) Zinsertrag

4 Die Tabelle zeigt, wie sich der Anteil der Lohnformen in der Metall- und Elektro-Industrie (M+E) in den letzten 35 Jahren verändert hat.

Anteil der Lohnformen in der M+E-Industrie			
Jahr	Zeitlohn	Akkordlohn	Prämienlohn
1970	51,4	48,6	5,3
1975	52,5	40,0	7,5
1980	51,7	39,8	8,5
1985	52,7	38,2	9,1
1990	53,2	36,5	11,3
1995	51,7	31,7	16,8
2000	51,0	27,0	21,8
2005	53,2	22,8	24,2

a) *Stellen Sie die Daten in der Grafik mit unterschiedlichen Farben anschaulich dar.*

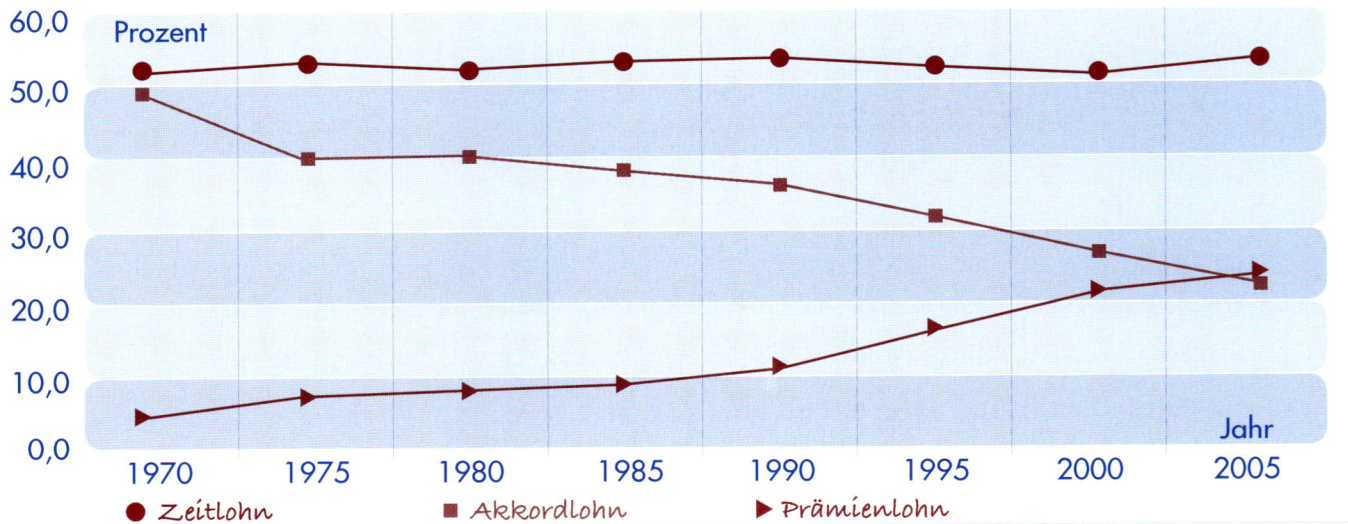

● Zeitlohn ■ Akkordlohn ▶ Prämienlohn

b) *Beschreiben Sie die Entwicklung bei den verschiedenen Lohnformen.*
Der Anteil des Zeitlohnes ist mit gut 50% nahezu konstant geblieben. Dagegen hat der Anteil des Akkordlohns erheblich abgenommen (um ca. 25 Prozentpunkte), während gleichzeitig der Prämienlohn in einem ähnlichen Umfang zugenommen hat (um ca. 20 Prozentpunkte).

c) *Wie lässt sich die beschriebene Entwicklung erklären?*
Der Zeitlohn ist für viele Tätigkeiten nicht durch andere Lohnformen ersetzbar. Der Akkordlohn (hauptsächlich abhängig von der produzierten Quantität) wird aber offensichtlich immer stärker zugunsten des Prämienlohns zurückgedrängt, da mit diesem Lohn besser die Qualität der Arbeit berücksichtigt werden kann.

Arbeitsblatt zu „Wirtschaft heute" von Crone/Kühn

Entlohnung der Arbeit

Gerechte Entlohnung

Klasse:	Datum:
Name:	

1 Fügen Sie die korrekten Begriffe in den Lückentext ein.

> Lohnformen – Grundlage – Schwierigkeitsgrad – Anforderungen – Bestimmung – Mitarbeiter

Die Arbeitsbewertung ist ein Hilfsmittel zur **Bestimmung** der Höhe der **Anforderungen** an die **Mitarbeiter**. Sie stellt die **Grundlage** für die **Lohnformen** dar. Sie soll die Lohnhöhe nach dem **Schwierigkeitsgrad** bestimmen. Die Schwierigkeit wird in Arbeitspunkten ausgedrückt. Diese hängen wiederum von der Anforderung und der Beanspruchung ab.

2 Nehmen Sie eine analytische Arbeitsbewertung vor, in dem Sie Tätigkeiten und Belastungen aufzählen und mit Punkten bewerten.

Arbeitsplatzbeschreibung:

Beruf: Schreinergeselle
Arbeitsauftrag: Anfertigen von Zimmertüren aus Holz
Arbeitsplatz: Schreinerwerkstatt, ausgestattet mit Bandsäge, Tischkreissäge, Fräsmaschine, Bohr-
maschine usw., Tageslicht, Absaugvorrichtungen an den Maschinen
Arbeitsauftrag: Zeichnungen lesen, Schnittliste aufstellen, Material aussuchen, Holz anzeich-
nen, Rohmaße schneiden

Anforderungsarten	Einzelangaben zur Fertigung	maximale Bewertung	erreichte Punktzahl
Kenntnisse	Lesen von Zeichnungen, Anreißen von Holz, Kenntnisse von Holzeigenschaften, Lacken, Farben, Holzbearbeitungsmaschinen	5	4
Geschicklichkeit	Bedienen von Holzbearbeitungsmaschinen	5	5
geistige Belastung	Aufmerksamkeit, Denkfähigkeit, Beobachtungsgabe	5	3
Muskelbeanspruchung	Arbeiten mit Maschine, Tragen von Holz bis 20 kg	5	5
Verantwortung für Betriebsmittel	sachgemäßes Bedienen, Wartung der Maschinen	5	5
Verantwortung für Arbeitsfluss	Einzelanfertigung, nur geringe Zusammenarbeit notwendig	5	1
Verantwortung für Arbeit anderer	gering	5	–
Beeinflussung durch Umgebung	Holzstaub, Lauf- und Arbeitsgeräusche, Reizstoffe aus Farbe, Verdünner usw.	5	3
Punktzahl insgesamt		40	26

Nach welcher Lohngruppe ist der Schreinergeselle gemäß nachfolgender Tabelle zu bezahlen? **5**

Arbeitspunkte	0-8	9-14	15-20	21-24	25-29	30-35	36-40
Lohngruppe	1	2	3	4	5	6	7

3 Der ausgezahlte Lohn für einen Arbeitnehmer besteht meistens aus einer Mischung aus Leistungskomponente und Sozialkomponente.

a) Nennen Sie Beispiele für jede dieser beiden Komponenten.

Entlohnung nach Leistung:

– Fachkönnen

– Belastung

– Verantwortung etc.

Entlohnung nach sozialen Aspekten:

– Lebensalter

– Dauer der Betriebszugehörigkeit

– Familienstand/Kinder

b) Frauen erhalten auch heutzutage noch eine niedrigere Entlohnung als Männer (tatsächlich beträgt der Abstand im produzierenden Gewerbe ca. 20 %). Nennen Sie Gründe für die unterschiedliche Behandlung der Geschlechter.

– Frauen sind in vielen Bereichen angeblich (!) weniger leistungsfähig

– Rollenverständnis / Tradition

– Vorurteile („schwaches Geschlecht")

c) Auch ausländische Arbeitnehmer werden bei der Entlohnung häufig benachteiligt. Welche Gründe könnten dabei eine Rolle spielen?

– Unkenntnis der ausländischen Arbeitnehmer wird ausgenutzt

– Ausländ. Arbeitnehmer wehren sich nicht, da die Bezahlung im Vergleich zu ihrem Heimatland relativ hoch ist

4 In den meisten Ländern der Europäischen Union (EU) erhalten geringverdienende Arbeitnehmer einen Mindestlohn.

a) Welche Wirkung haben die **gesetzlichen Mindestlöhne** auf die Beschäftigung?

Die beabsichtigte Wirkung von Mindestlöhnen (nämlich ein Mindesteinkommen) kann eine Hürde für die Einstellung sein, wenn der Arbeitgeber den Mindestlohn als zu hoch ansieht. (Gesetzliche Mindestlöhne gibt es in B, F, GR, L, NL, P, E, GB, I.)

b) In Deutschland und den anderen EU-Ländern gibt es **tarifliche Mindestlöhne.** Worin besteht der Unterschied zum gesetzlichen Mindestlohn?

Der tarifliche Mindestlohn wird zwischen den Tarifvertragsparteien festgelegt, d. h., er ist auf die jeweilige Branche zugeschnitten und dadurch für die Wirtschaft eher zu verkraften.

Klasse:	Datum:
Name:	

Situation

Eine Textilfabrik erhält von einem großen Kaufhaus den Auftrag zur Produktion von 100 Tischdecken nach Designvorlage des Auftraggebers. Herr Rudolf, der Produktionsleiter, berechnet für diesen Auftrag die Arbeitszeit nach REFA.

Er berücksichtigt dabei...

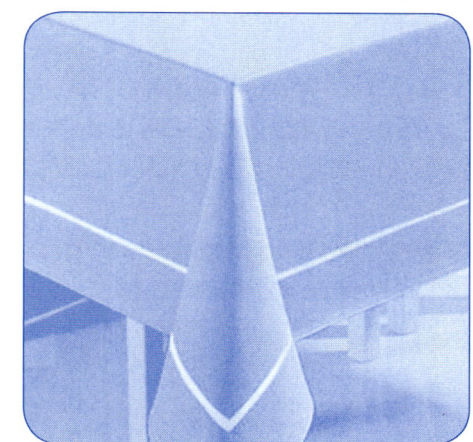

- die reguläre Rüstgrundzeit zum erstmaligen Einrichten der Maschinen und veranschlagt dafür 160 Minuten;
- die Rüstverteilzeit für unregelmäßig anfallende Arbeiten, wie Wartung einer Maschine, Spindeln wechseln etc., aber auch für kurze Erholungspausen; er setzt dafür 25 % der Rüstgrundzeit an;
- die eigentliche Ausführungsgrundzeit zum Zuschneiden und Nähen <u>einer</u> Tischdecke in Höhe von 20 Minuten;
- die Ausführungsverteilzeit für Warte- und Erholzeiten, für die er 10 % von der Ausführungsgrundzeit kalkuliert.

1 Berechnen Sie mithilfe des folgenden Schemas die gesamte Zeit (in Minuten), die für die Ausführung des Auftrages zu veranschlagen ist.

2 Wie viele Tage/Stunden dauert der Auftrag?

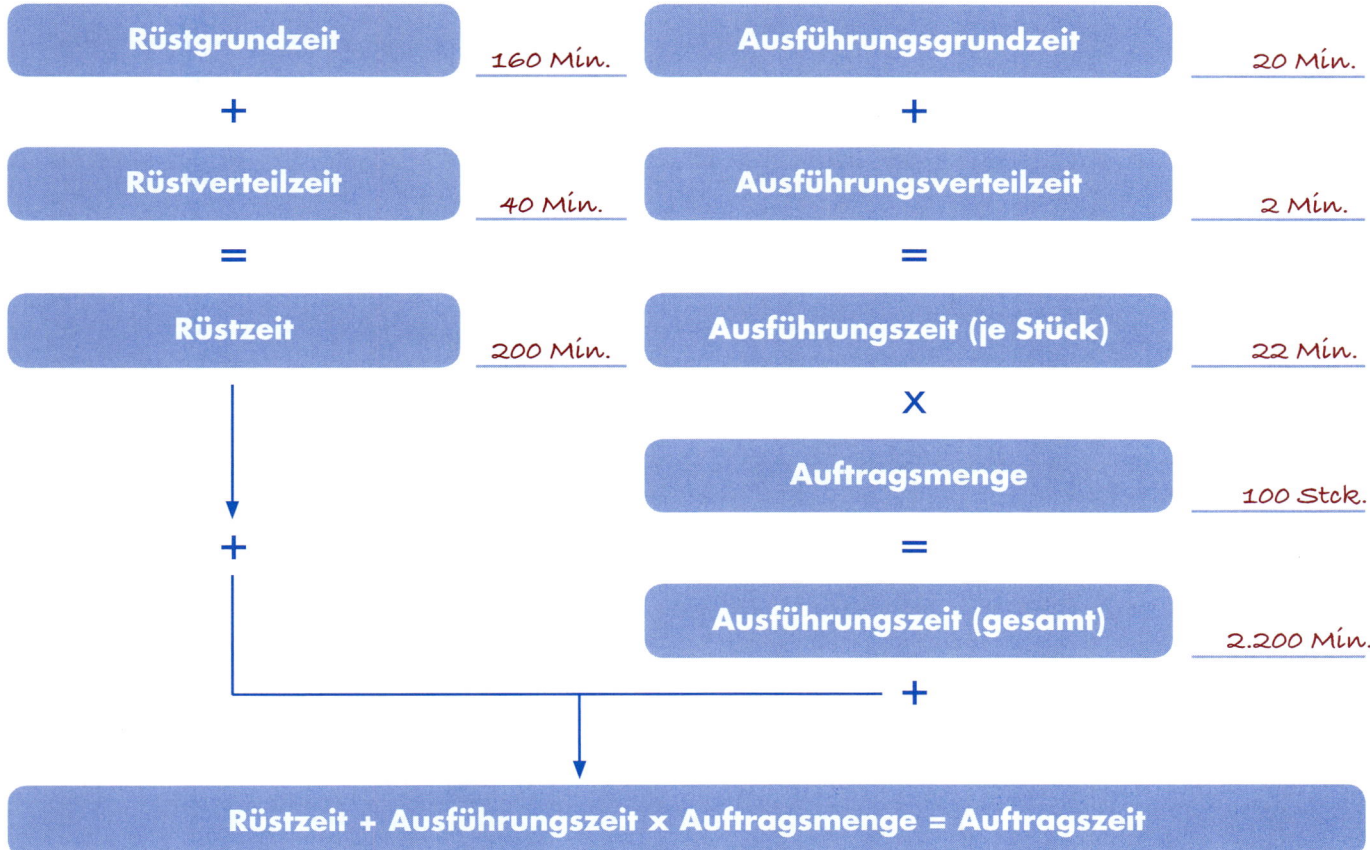

Rüstgrundzeit	160 Min.	**Ausführungsgrundzeit**	20 Min.
+		+	
Rüstverteilzeit	40 Min.	**Ausführungsverteilzeit**	2 Min.
=		=	
Rüstzeit	200 Min.	**Ausführungszeit (je Stück)**	22 Min.
		x	
		Auftragsmenge	100 Stck.
		=	
		Ausführungszeit (gesamt)	2.200 Min.

Rüstzeit + Ausführungszeit x Auftragsmenge = Auftragszeit

200 Min. + 22 Min. x 100 Stck. = 2.400 Min. = 40 Std. = 5 Tage à 8 Std.

Kapitel 6

Arbeitsblatt zu „Wirtschaft heute" von Crone/Kühn

Entlohnung der Arbeit

Lohnabrechnung

Situation

Kurt Kassel, Geselle, ist verheiratet, konfessionslos und hat 1 Kind. Die Ehefrau ist nicht berufstätig. Er arbeitete im vergangenen Monat 162 Stunden regulär. Darüber hinaus machte er 12 Überstunden, davon 3 Stunden nachts in der Zeit von 20 bis 23 Uhr. Außerdem arbeitete er 4 Stunden an einem gesetzlichen Feiertag. Kassel zahlt jährlich 480,00 € auf einen vermögenswirksamen Bausparvertrag ein. Der Arbeitgeber zahlt ihm 15,00 € pro Monat dazu. Für einen Meisterkurs kann er erhöhte Werbungskosten geltend machen und lässt einen Freibetrag von 75,00 € in seine Lohnsteuerkarte eintragen.

Sein Stundenlohn beträgt 12,30 €. Als Zuschläge bekommt er:

– 25 % steuer- und sozialversicherungspflichtig für Überstunden

– 25 % steuer- und sozialversicherungsfrei für Nachtarbeit

– 125 % steuer- und sozialversicherungsfrei an gesetzlichen Feiertagen

Entnehmen Sie die Steuer- und Sozialversicherungsdaten der unten- bzw. nebenstehenden Tabelle.

(Die Kirchensteuer beträgt 8 %)

Wie viel Euro bekommt Geselle Kassel ausbezahlt?

Sozialversicherung

Es gelten folgende Sozialversicherungswerte für diese Lohnabrechnung:

Sozialversicherungsart	Prozentsatz	1/2 Prozentsatz, jeweils von AG und AN zu tragen
Krankenversicherung	14,0 %	7,00 %
Rentenversicherung	19,5 %	9,75 %
Arbeitlosenvers.	6,5 %	3,25 %
Pflegeversicherung	1,7 %	0,85 %
Sonderbeitrag zur KV	0,9 %	AN alleine

Abrechnung der Brutto-Netto-Bezüge				Monat_____	
Name, Vorname	Steuerklasse	Kinderzahl	Kinderfreibetrag	Konfession	Freibetrag lt. Steuerklasse
Kassel, Kurt	III	1	1,0	–	75,00

Arbeitslohn	Std.	Stdn.-Lohn	Überstdn.	%-Zuschlag	lohnsteuerfrei	sozialvers.-frei	Bruttobetrag
Stundenlohn	162	12,30					1.992,60
Überstunden	12	12,30	12	25%			184,50
Nachtarbeit		12,30	3	25%	9,23	9,23	9,23
Feiertagsarbeit		12,30	4	125%	61,50	61,50	61,50
Vermögenswirks. Leistungen							15,00
Steuerfreibetrag					75,00		

Steuerbrutto	Einkommensteuer	Solid.-Zuschlag	Kirchensteuer	Summe	Summe	Gesamt-Brutto
2.117,10	58,66	0,00	0,00	145,73	70,73	2.262,83

Sozialvers.brutto	Krankenvers.	Sond.beitrg. KV	Rentenvers.	Arbeitslosenvers.	Pflegevers.	Summe Abzüge
2.192,10	153,45	19,73	213,73	71,24	18,63	535,44

Lohn/Gehalt bis	Steuerklasse	Lohnsteuer	ohne Kinderfreibetrag			mit 0,5 Kinderfreibetrag			mit 1,0 Kinderfreibetrag			mit 1,5 Kinderfreibetrag		
			SolZ 5,5 %	Kirchensteuer 8 %	9 %	SolZ 5,5 %	Kirchensteuer 8 %	9 %	SolZ 5,5 %	Kirchensteuer 8 %	9 %	SolZ 5,5 %	Kirchensteuer 8 %	9 %
2114,99	I	293,66	16,15	23,49	26,42	12,46	18,12	20,39	8,94	13,01	14,63	4,18	8,15	9,17
	II	263,00	14,46	21,04	23,67	10,85	15,78	17,75	7,42	10,79	12,14	0,00	6,06	6,81
	III	58,16	0,00	4,65	5,23	0,00	1,28	1,44	0,00	0,00	0,00	0,00	0,00	0,00
	IV	293,66	16,15	23,49	26,42	14,28	20,77	23,36	12,46	18,12	20,39	10,67	15,53	17,47
	V	597,83	32,88	47,82	53,80									
	VI	629,33	34,61	50,34	56,63									
2117,99	I	294,50	16,19	23,56	26,50	12,50	18,18	20,45	8,98	13,07	14,70	4,33	8,21	9,23
	II	263,83	14,51	21,10	23,74	10,89	15,85	17,83	7,46	10,85	12,20	0,00	6,11	6,87
	III	58,66	0,00	4,69	5,27	0,00	1,32	1,48	0,00	0,00	0,00	0,00	0,00	0,00
	IV	294,50	16,19	23,56	26,50	14,32	20,84	23,44	12,50	18,18	20,45	10,72	15,60	17,55
	V	599,16	32,95	47,93	53,92									
	VI	630,50	34,67	50,44	56,74									
2120,99	I	295,33	16,24	23,62	26,57	12,54	18,25	20,53	9,02	13,13	14,77	4,48	8,27	9,30
	II	264,66	14,55	21,17	23,81	10,94	15,91	17,90	7,50	10,91	12,27	0,00	6,16	6,93
	III	59,16	0,00	4,73	5,32	0,00	1,36	1,53	0,00	0,00	0,00	0,00	0,00	0,00
	IV	295,33	16,24	23,62	26,57	14,37	20,90	23,51	12,54	18,25	20,53	10,76	15,66	17,61
	V	600,33	33,01	48,02	54,02									
	VI	631,66	34,74	50,53	56,84									

	Nettoverdienst
Nettobezüge/-abzüge	1.727,39
– überweisung Bausparvertrag	– 40,00
Auszahlung	1.687,39

▶ Lohnsteuertabelle 2005 (Auszug)

Entlohnung der Arbeit

Wirtschaftliche Aspekte der Entlohnung

1 Die Grafik zeigt, wie viel Lohnnebenkosten auf 100,00 € Direktentgelt entfallen.

28,50 €	Sozialversicherungsbeiträge des Arbeitgebers
4,20 €	Lohnfortzahlung bei Krankheit
4,50 €	Sonstige: Mutterschutz usw.
19,00 €	Urlaubsgeld
8,10 €	Gratifikation usw.
8,00 €	Betriebliche Altersversorgung Vermögensbildung
7,80 €	Sonstige: Familienbeihilfe usw.

a) Wie viel % betragen die Lohnnebenkosten vom direkt gezahlten Lohn?

Die Lohnnebenkosten machen 80,1 % vom Lohn aus. Dies ist im internationalen Vergleich ein relativ hoher Wert.

b) Welche Beträge sind gesetzliche und welche tarifliche bzw. betriebliche Lohnnebenkosten?

Die drei oberen Nebenkosten müssen aufgrund gesetzlicher Vorschriften gezahlt werden, die anderen aufgrund tariflicher oder betrieblicher Regelungen.

c) Die folgenden beiden Stellungnahmen zu den Lohnnebenkosten sind sehr gegensätzlich. Geben Sie die Argumentation mit eigenen Worten wieder und stellen Sie fest, von wem diese Meinungen stammen könnten. Welche Meinung haben Sie zu diesem Problem?

Stellungnahme 1

Die soziale Sicherheit in Deutschland wird überwiegend durch Sozialbeiträge von der Arbeit finanziert. Eine Entlastung der Arbeit von Abgaben ist notwendig. Dies aber nicht durch Kürzung von Sozialleistungen, sondern durch eine gerechtere Finanzierung des Sozialsystems: Indem der Energieverbrauch, Vermögen und Spitzeneinkommen stärker herangezogen werden und bestehende Lohnabgaben von der gesamten Wertschöpfung berechnet werden.

Stellungnahme 2

Jede Handlung der Wirtschaftspolitik, die die Lohnnebenkosten erhöht und damit die Wettbewerbsfähigkeit des Faktors Arbeit schwächt, ist eine Todsünde, die noch mehr Arbeitslose schafft. Das kann nicht mehr hingenommen werden, dieser Trend muss gebrochen werden.
Lohnnebenkosten in dieser dramatischen Höhe veranlassen deutsche Unternehmen, im Ausland zu investieren. Umgekehrt hindern sie Ausländer daran, in Deutschland zu investieren. Wann, endlich, werden Regierung und Parlament etwas dagegen tun?

Die Stellungsnahme 1: Dürfte aus Arbeitnehmersicht stammen. Danach sollte die Finanzierung der sozialen Leistungen nicht allein dem Faktor Arbeit aufgebürdet werden, sondern der gesamten Wertschöpfung, um zu einer gerechteren Verteilung zu kommen.

Die Stellungsnahme 2: Wurde offensichtlich von Arbeitgeberseite abgegeben. Hier steht naturgemäß die Kostenseite der sozialen Leistungen im Vordergrund. Dadurch würde die (internationale) Wettbewerbsfähigkeit Deutschlands beeinträchtigt.

Die eigene Stellungnahme: z.B.: – Arbeitgeber fordern Senkung der Lohn (neben) kosten

zur Verbesserung der Wettbewerbsfähigkeit

– dies können sie umso leichter, je höher die Arbeitslosigkeit und der

Globalisierungsdruck ist

– wie soll der soziale Standart finanziert werden, wenn nicht über die

Sozialabgaben, durch Steuern

– Unternehmer haben in guten Jahren selber durch freiwillige Leistungen zum

derzeitigen Zustand beigetragen

– maßgeblich sind die Lohnstückkosten, nicht die absolute Höhe der

Lohn (neben) kosten

2 In der Tabelle werden die jährlichen Steigerungen der Tariflöhne und des Preisniveaus wiedergegeben:

Jahr	1995	1996	1997	1998	1999	2000	2001	2002	2003	2004	2005
Zunahme des Tariflohnes	4,6	2,4	1,5	1,8	3,0	2,9	2,3	2,0	2,7	2,1	1,3
Zunahme der Verbraucherpreise	1,7	1,5	1,9	0,9	0,6	1,4	2,0	1,4	1,1	1,6	2,1
Veränderungen des Reallohnes	2,9	0,9	−0,4	0,9	2,4	1,5	0,3	0,6	1,6	0,5	−0,8

(Veränderung gegenüber dem Vorjahr in Prozent - Quelle: Statistisches Bundesamt)

a | Berechnen Sie die jährliche Steigerung der Tariflöhne, bereinigt um die Inflationsrate
(Reallohnentwicklung).

b | Tragen Sie die Werte aus der Tabelle in folgendes Schaubild ein und kennzeichnen Sie die einzelnen
Linien farbig.

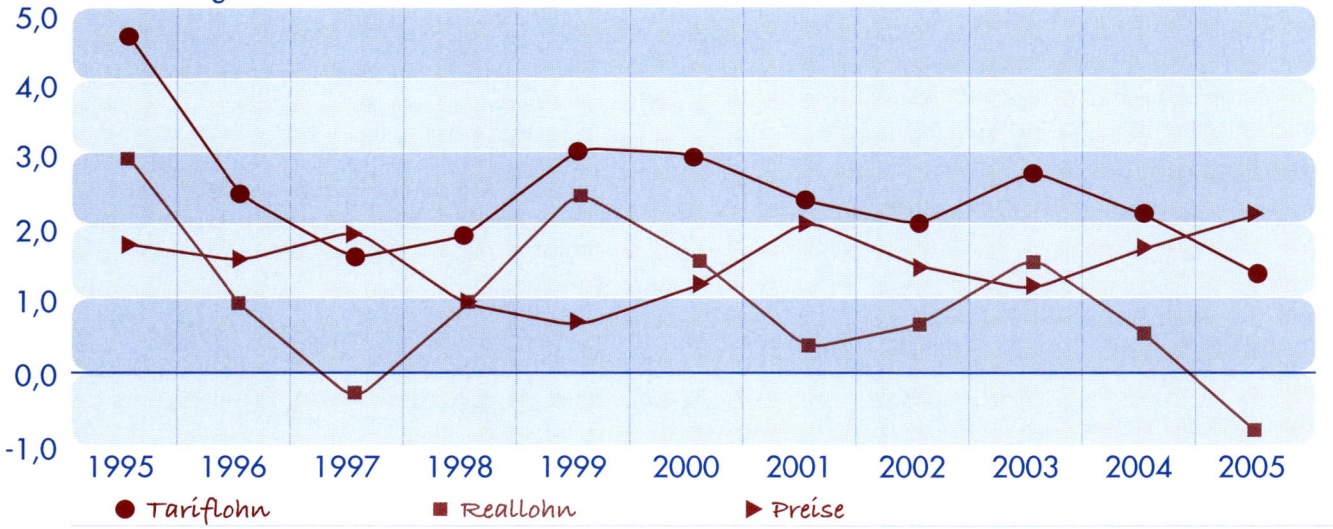

● Tariflohn   ■ Reallohn   ▶ Preise

c | Wie beurteilen Sie die Entwicklung der Reallöhne im Zeitablauf?

Ein großer Teil der Zunahme der Tariflöhne wird von der allgemeinen Preissteige-

rung wieder aufgefressen. In den Jahren 1997 und 2005 war die Preissteigerung

sogar höher, sodass die Reallöhne nicht zunahmen, sondern abnahmen.

Soziale Marktwirtschaft

Markt als Koordinator von Angebot und Nachfrage (1)

1 Was versteht man unter **Markt**?

Zusammentreffen von Anbietern und Nachfragern für ein bestimmtes Produkt

2 Ergänzen Sie die Lücken:

a) Monopol

Preisbildung: _Anbieter gibt den Preis vor_

Beispiel: _Bahn, Post_

ein Anbieter

Markt

viele Nachfrager

b) Oligopol

Preisbildung: _Die Anbieter bestimmen weitgehend den Preis_

Beispiel: _Mineralölfirmen_

wenige Anbieter

Markt

viele Nachfrager

c) Polypol

Preisbildung: _Angebot und Nachfrage bestimmen den Preis_

Beispiel: _Börse_

viele Anbieter

Markt

viele Nachfrager

3 Wie entwickelt sich der **Preis im Polypol** (bei vollständiger Konkurrenz), wenn folgende Situationen vorherrschen?

NACHFRAGE > ANGEBOT = _Preis steigt an_

NACHFRAGE < ANGEBOT = _Preis sinkt_

NACHFRAGE = ANGEBOT = _Preis bleibt gleich_

Dieses Modell stimmt nur bei folgenden Voraussetzungen:

a) Sehr viele Anbieter und sehr viele Nachfrager stehen miteinander in Konkurrenz.

b) Alle angebotenen Produkte sind in Art, Qualität und Aufmachung gleich.

c) Der Käufer bevorzugt keinen Anbieter und kein Produkt.

d) Alle Käufer und Verkäufer werden sofort über jede Preisentwicklung informiert.

e) Damit die Übersichtlichkeit funktioniert, muss der Markt an einem Ort sein (z. B. Börse).

4 Auf dem Markt treffen ___Angebot___ und ___Nachfrage___ aufeinander. Wie bildet sich aber nun der ___Preis___ ?

5 Um diesen Ablauf zu entwickeln, gehen wir an die Frankfurter Börse und beobachten die Preisentwicklung für eine Germania-Aktie. Verschiedene Nachfrager der Aktie sind an die Börse gekommen und jeder hat eine genaue Vorstellung, wie viel er höchstens für die Aktie bereit ist zu zahlen (siehe Tabelle Nachfrager). Andererseits sind die Anbieter dieser Germania-Aktie ebenfalls mit bestimmten Vorstellungen über Mindestverkaufspreise an die Börse gekommen (siehe Tabelle Anbieter).

Errechnen Sie jeweils die gesamte Anzahl der Nachfrager und Anbieter, die zum jeweiligen Kurs kaufen bzw. verkaufen wollen.

Nachfrager	insgesamt (aufsummiert)
9 wollen höchstens zahlen 599,00 €	42
13 wollen höchstens zahlen 601,00 €	33
10 wollen höchstens zahlen 603,00 €	20
5 wollen höchstens zahlen 605,00 €	10
4 wollen höchstens zahlen 607,00 €	5
1 wollen höchstens zahlen 609,00 €	1

Anbieter	insgesamt (aufsummiert)
5 wollen mindestens erhalten 601,00 €	5
15 wollen mindestens erhalten 603,00 €	20
5 wollen mindestens erhalten 605,00 €	25
6 wollen mindestens erhalten 607,00 €	31
2 wollen mindestens erhalten 609,00 €	33

6 Tragen Sie die errechnete Gesamtnachfrage bzw. das Gesamtangebot zum jeweiligen Preis (Kurs), in die beiden folgenden Preis-Mengen-Diagramme der Nachfrager und Anbieter ein.

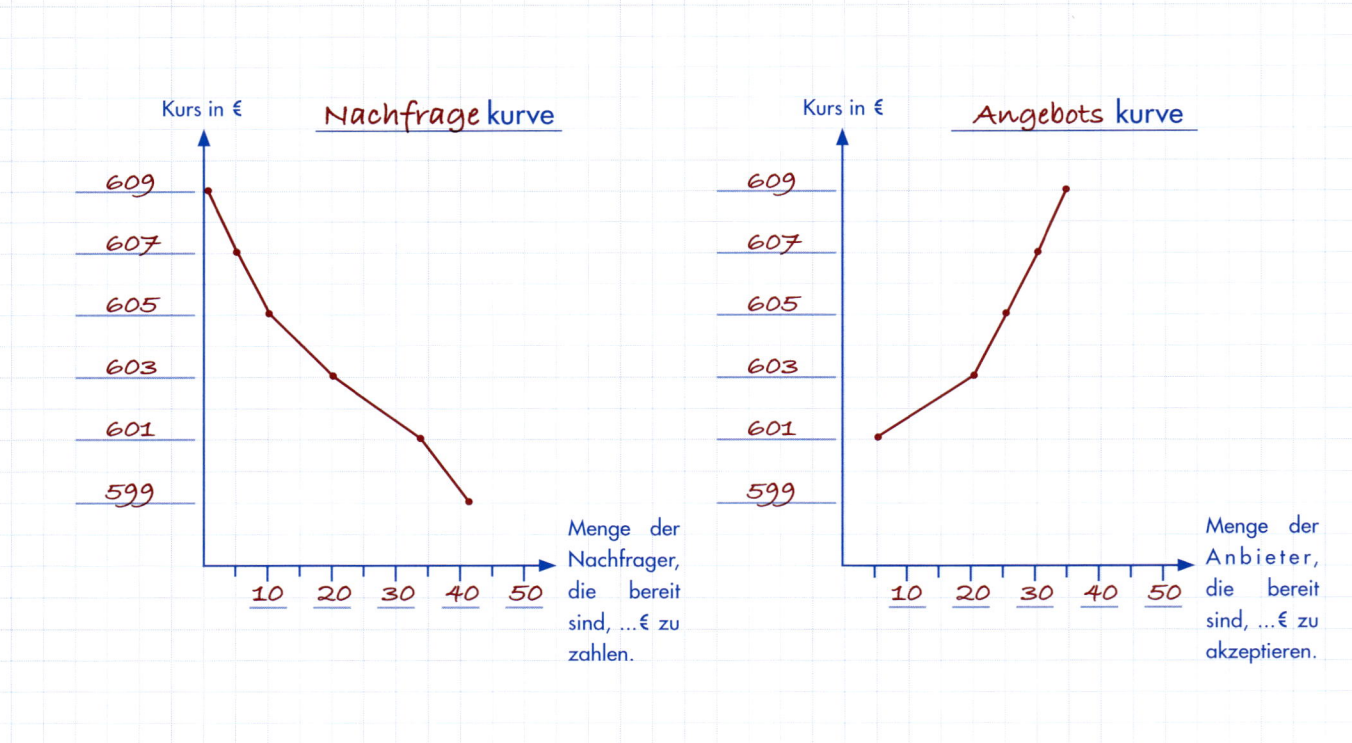

Kapitel
7
Arbeitsblatt zu „Wirtschaft heute" von Crone/Kühn
Soziale Marktwirtschaft
Markt als Koordinator von Angebot und Nachfrage (2)

Klasse:	Datum:
Name:	

7 Zusatzfragen zur Nachfragekurve (Seite 86):

a] Beurteilen Sie die am darauf folgenden Tag in der örtlichen Presse zu lesende Notiz: „Die Nachfrage nach Germania-Aktien war am gestrigen Börsentag außerordentlich hoch!"

Aussage ist nur sinnvoll, wenn gleichzeitig der Kurs angegeben wird.

b] Beschreiben Sie das Verhalten der Nachfrager, wenn die Nachfragekurve von links unten nach rechts oben verläuft.

Sie verläuft atypisch. Es handelt sich um einen sog. demonstrativen Kauf.

8 Zusatzfrage zur Angebotskurve (Seite 86):

Die Angebotskurve verläuft von links unten nach rechts oben. Ist der Verlauf von links oben nach rechts unten denkbar?

Nur in Sonderfällen denkbar.

Z. B. Mineralölproduzent Mexiko wird bei sinkenden Weltmarkt- preisen die Absatzmenge erhöhen.

9 Tragen Sie im nebenstehenden Koordinatensystem beide Kurven gleichzeitig ein, so ergibt sich ein Schnittpunkt beider Kurven. Diesen Punkt nennt man:

Marktgleichgewicht oder

Gleichgewichtspreis

10 Bei jedem Preis oberhalb und unterhalb des ___*Gleichgewichtspreises*___ fallen Nachfrage- und Angebotsmenge auseinander. Es ergibt sich dann ein ___*Nachfrageüberhang*___ oder ein ___*Angebotsüberhang*___ .

11 Erklären Sie, wie sich bei sinkendem bzw. steigendem Preis

a] die Nachfrage,

– Bei sinkendem Preis nimmt die Nachfrage zu.

– Bei steigendem Preis sinkt die Nachfrage.

b] die Angebotskurve verhalten?

– Bei sinkendem Preis sinkt das Angebot.

– Bei steigendem Preis steigt das Angebot.

Soziale Marktwirtschaft

Wettbewerbsstörungen

1 Stellen Sie bei den folgenden Kartellen fest, um welche Art es sich jeweils handelt, und ob es
- verboten **(v)**
- anmeldepflichtig **(a)**
- genehmigungspflichtig **(g)** ist.

Beschreibung	Bezeichnung	Einstufung
Fünf Fahrradproduzenten vereinbaren, ihren Kunden gleiche Kalkulationsverfahren und Leistungsbeschreibungen vorzulegen	Kalkulationskartell	a
Firmen für Fitnessgeräte teilen sich die Bundesrepublik in Absatzgebiete auf	Gebietskartell	v
Straßenbaufirmen in Freiburg vereinbaren, gegenüber der Stadt abgesprochene Angebote abzugeben	Preiskartell	v
Firmen der Elektrobranche vereinbaren einheitliche Rabatt- und Skontobedingungen für ihre Kunden	Rabattkartell	a
Zementhersteller vereinbaren, die eingehenden Aufträge nach einem internen Schlüssel auf die Firmen aufzuteilen	Quotenkartell	v
Firmen der kränkelnden Textilbranche im Schwarzwald stimmen ihre Produktion untereinander ab	Krisenkartell	g
Die Möbelhersteller in Südbaden stimmen ihre allgemeinen Geschäftsbedingungen (AGB) aufeinander ab	Konditionenkartell	a
Die Schmuck- und Uhrenindustrie von Baden-Württemberg legt sich auf einheitliche Ausfuhrbedingungen fest	Exportkartell	g
Die Hersteller von Gartengeräten vereinbaren bei Schläuchen und zugehörigen Kupplungen einheitliche Abmessungen	Normenkartell	a

2 Das nebenstehende Schaubild zeigt, wie groß die Konzentration der Unternehmen in den einzelnen Branchen in der Bundesrepublik ist.

a l Welche Nachteile können sich bei starker Konzentration in einem Wirtschaftszweig für die Kunden ergeben?

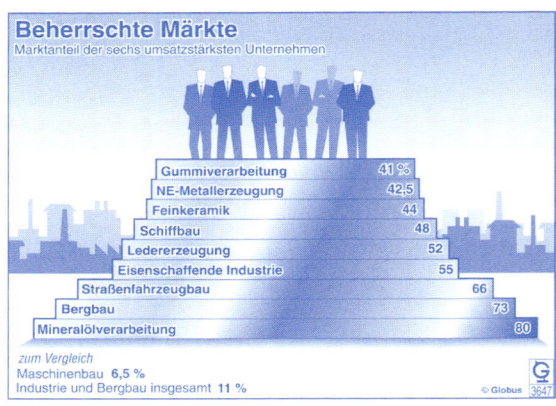

Beherrschte Märkte
Marktanteil der sechs umsatzstärksten Unternehmen

Gummiverarbeitung	41 %
NE-Metallerzeugung	42,5
Feinkeramik	44
Schiffbau	48
Ledererzeugung	52
Eisenschaffende Industrie	55
Straßenfahrzeugbau	66
Bergbau	73
Mineralölverarbeitung	80

zum Vergleich
Maschinenbau **6,5 %**
Industrie und Bergbau insgesamt **11 %**
© Globus 3647

Die Unternehmen haben dann monopolistische Preisgestaltungsmöglichkeiten, d. h., durch Ausschaltung von Wettbewerb ergibt sich ein höherer Preis. Außerdem kann die Auswahlmöglichkeit für den Kunden auf einen oder wenige Anbieter eingeschränkt sein.

b l Obwohl das Kartellamt Fusionen in Fällen von übermäßiger Marktmacht verbieten kann, unterbleibt dies oft genug. Haben Fusionen auch Vorteile?

Fusionen können (vom Wirtschaftsminister nach Anhörung der Monopolkommission) genehmigt werden, wenn die gesamtwirtschaftlichen Vorteile überwiegen. Sehr häufig besteht auch große internationale Konkurrenz, sodass es von nationalem Interesse ist, wenn sich die betroffenen Firmen zusammenschließen.

Soziale Marktwirtschaft

Bedeutung des Staates in der sozialen Marktwirtschaft

Klasse: Datum:

Name:

1 Die soziale Marktwirtschaft ist verfassungsrechtlich nicht vorgeschrieben, aber der Gesetzgeber ist an die Grundrechte, das Sozial- und Rechtsstaatsgebot gebunden, d. h., die soziale Marktwirtschaft entspricht am ehesten freiheitlichen und demokratischen Prinzipien.

Vervollständigen Sie in der folgenden **Mind-Map** die Angaben zu den einzelnen Zweigen und Ästen (es fehlen die Benennung des Grundrechts, der zugehörige Artikel aus dem Grundgesetz oder die jeweiligen Inhalte, die das Grundrecht umfasst).

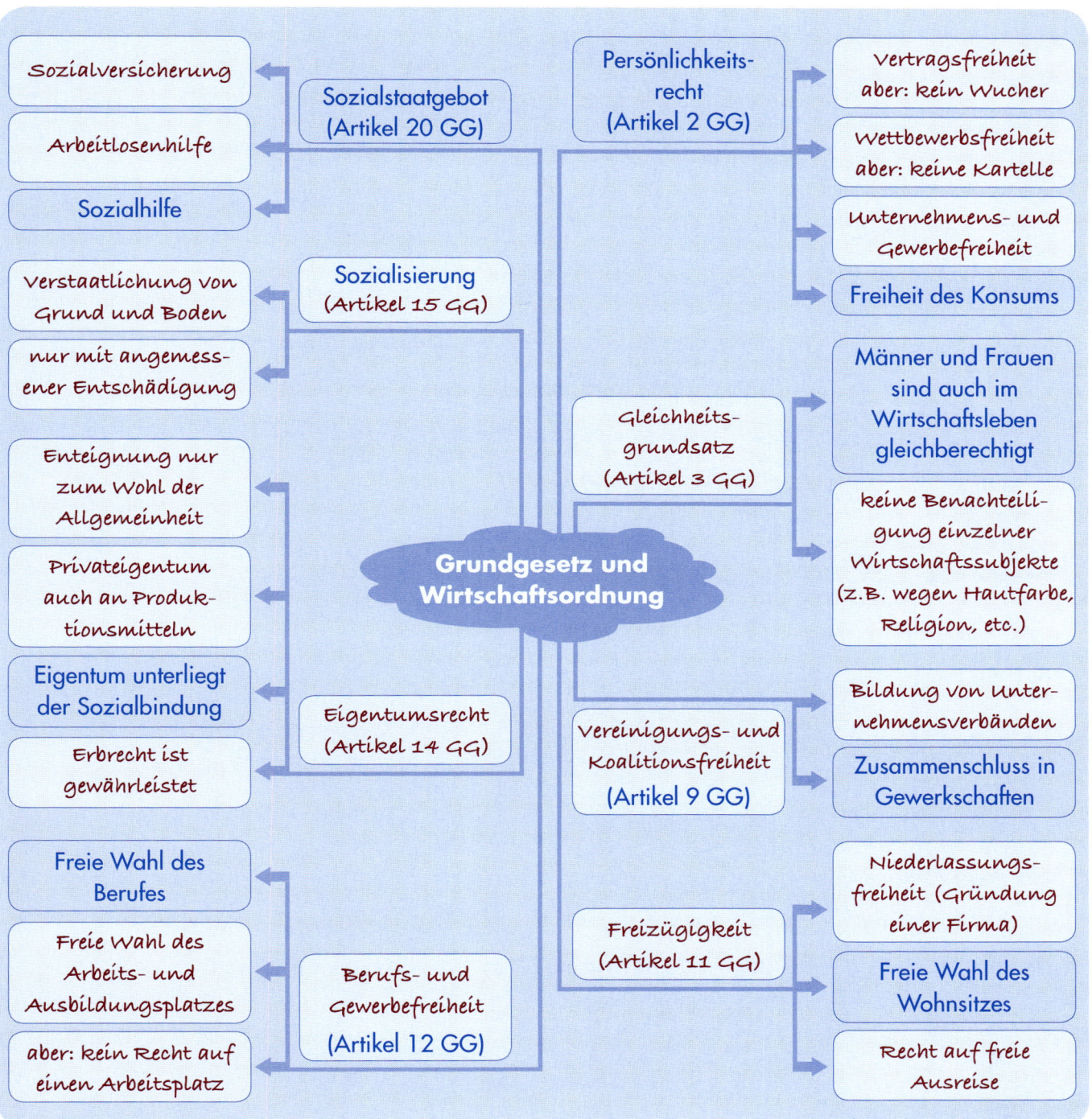

2 In der sozialen Marktwirtschaft greift der Staat in vielfältiger Weise in das Wirtschaftsleben ein. Nennen Sie im Folgenden Beispiele (und geben Sie jeweils die gesetzlichen Grundlagen an), durch welche Maßnahmen und Gesetze der Staat unsoziale Auswirkungen und/oder Missbrauch verhindert.

Maßnahmen/Gesetze/Beispiele

Vertragsfreiheit

– Verbraucherschutz/AGB-Gesetz (überraschende Regelungen in den Geschäftsbedingungen werden nicht Vertragsbestandteil)

– Verbot sittenwidriger Rechtsgeschäfte/BGB (z. B. Mietwucher)

– Verbot unlauteren Wettbewerbs/UWG (z. B. Konkurrenz darf nicht schlechtgemacht werden)

– Kartellverbot/GWB (z. B. sind Preisabsprachen verboten)

Eigentumsrecht

– Bebauungspläne (z. B. keine Gewerberäume in Wohngebieten)

– Mieterschutzgesetz (Mieterhöhungen sind nicht beliebig möglich)

– Einkommensumverteilung durch Steuerprogression

Chancengleichheit

– Kostenfreier Schulbesuch/Ausbildungsförderung

– Förderung der Vermögensbildung (VermBildgGes)

– Begünstigung individueller Vorsorgemaßnahmen

– Mietbeihilfen (Wohngeld)

Arbeitsschutz

– Arbeitszeitregelungen

– Unfallschutz

– Betriebsverfassungs- und Mitbestimmungsgesetz

Wirtschaftsförderung

– Subventionen für bestimmte Branchen und Regionen

– Öffentliche Maßnahmen zur Strukturverbesserung

– Städtebauförderungsgesetz

Soziale Marktwirtschaft

Bruttoinlandsprodukt als wirtschaftliche Messgröße

1 Was versteht man unter dem Bruttoinlandsprodukt (BIP)?

Summe aller Güter (Waren und Dienstleistungen), die in einer Volkswirtschaft in einem Jahr im Inland (von Inländern und bei uns lebenden Ausländern) erzeugt wurden, bewertet mit den jeweiligen Preisen.

2 a) Wodurch unterscheiden sich nominales und reales BIP?

Das reale BIP ergibt sich aus dem nominalen BIP durch Korrektur mit der Preissteigerungsrate.

b) Wie hoch war das Wachstum des nominalen und des realen BIP von 1994 bis 2004 insgesamt? Worauf ist der Unterschied zurückzuführen?

Die Leistung unserer Wirtschaft

Bruttoinlandsprodukt (BIP) in Deutschland in Milliarden Euro

	1994	1995	1996	1997	1998	1999	2000	2001	2002	2003	2004
nominal	1 736	1 801	1 834	1 872	1 929	1 988	2 030	2 074	2 107	2 128	2 177
real (in Preisen von 1994)	1 736	1 765	1 779	1 803	1 839	1 877	1 930	1 947	1 948	1 946	1 976
Veränderung jeweils gegenüber Vorjahr in % (real)		2,3	1,7	0,8	1,4	2,0	2,0	2,9	0,8	0,1 / -0,1	1,6

Quelle: Stat. Bundesamt

© Globus

BIP_{nom} 1994 = 1.736 Mrd. €, BIP_{nom} 2004 = 2.177 Mrd. € → Wachstumsrate$_{nom}$ =   25,4 %

BIP_{real} 1994 = 1.736 Mrd. €, BIP_{real} 2004 = 1.976 Mrd. € → Wachstumsrate$_{real}$ =   13,8 %

Der Unterschied ist durch die Preissteigerung (Inflation) von 11,6 % in diesem Zeitraum bedingt.

c) Berechnen Sie den durchschnittlichen realen Anstieg des BIP pro Jahr.

Der Durchschnitt der Veränderungen in % ergibt:

(1,7 + 0,8 + 1,4 + 2,0 + 2,0 + 2,9 + 0,8 + 0,1 – 0,1 + 1,6) / 10 = 1,3 %

d) Welche Bedeutung hat eine negative Wachstumsrate?

In den Jahren, in denen die Rate negativ war, ist das BIP real geschrumpft (d.h., das Wachstum ist durch die Preissteigerung „aufgefressen" worden).

3 Das BIP kann auf verschiedene Arten ermittelt werden.

a) In welchen Wirtschaftszweigen wird das BIP überwiegend erarbeitet (Entstehung)?

Landwirtschaft, Industrie, Handwerk, Verkehr, Dienstleistungen, Staat

b) Welchen Einkommensempfängern fließt das BIP zu (Verteilung)?

Empfängern von Löhnen, Gehältern, Gewinnen, Mieten, Zinsen und sonstigen Vermögenserträgen. Diese Einkunftsarten werden meistens zusammengefasst zu „Einkommen aus unselbstständiger Arbeit" und „Einkommen aus Unternehmertätigkeit und Vermögen".

c | Wie wird das BIP verwendet (Verwendung)?

Der größte Teil des BIP wird für den privaten Verbrauch verwendet, der andere
Teil für die Finanzierung der Investitionen der Unternehmen und für den
Staatsverbrauch.

4 Das BIP der Bundesrepublik Deutschland beträgt über 2.000.000.000.000 € = 2 Billionen Euro und verteilt sich folgendermaßen (ohne Berücksichtigung des Außenhandels) in Mrd. Euro:

Entstehung		Verwendung		Verteilung	
Landwirtschaft	20	Privater Verbrauch	1.240	Löhne und Gehälter	1.058
Produzierendes Gewerbe	560				
Handel, Verkehr, Gastgewerbe	380			Gewinne und Vermögenserträge	512
Finanzierung, Vermietung, Dienstleistung	600	Bruttoinvestitionen	360	Abschreibungen	170
Öffentlich und private Dienstleistungen	440	Staatsverbrauch	400	Indirekte Steuern	260
Summe =	2.000	Summe =	2.000	Summe =	2.000

a | Tragen Sie im Tabellenkopf ein, um welche Art der Berechnung des BIP es sich jeweils handelt.

b | Ergänzen Sie die fehlenden Beträge (in Milliarden Euro).

c | Wie hoch war das Volkseinkommen?

	Bruttoinlandsprodukt	2.000 Mrd. €
−	Abschreibungen	170 Mrd. €
−	Indirekte Steuern	260 Mrd. €
=	Volkseinkommen	1.570 Mrd. €
=	Löhne / Gehälter + Gewinne	

d | Berechnen Sie die Lohnquote.

Lohnquote = (Löhne + Gehälter)
/ Volkseinkommen · 100
= 1.058 / 1.570 · 100 = 67,4-%

5 In der Volkswirtschaft A ist das BIP pro Kopf der Bevölkerung doppelt so groß wie in der Volkswirtschaft B. Begründen Sie, warum damit nicht gesagt ist, dass auch der Wohlstand in der Volkswirtschaft A doppelt so groß ist.

Im BIP werden nur „berechenbare" Werte berücksichtigt. Viele andere Werte bleiben
unberücksichtigt, wie zum Beispiel:

– Infrastruktur (Verkehrswege, ÖPNV)

– Bildungsstandards (Schuldauer, Bildungsniveau, Bibliotheken,
  Forschungsförderung)

– Lebensqualität allgemein (saubere Luft und Wasser, Wohnqualität)

– Medizinische Versorgung (Arztdichte, Krankenhäuser, Säuglingssterblichkeit)

– Persönliche Freiheitsrechte

Soziale Marktwirtschaft
Wirtschaftspolitik und Konjunktur (1)

1 Das **Stabilitätsgesetz** von 1967 trägt der Bundesregierung auf, bei ihrer Wirtschafts- und Finanzpolitik die Ziele dieses Gesetzes anzustreben.

a| Benennen Sie in dem folgenden Schaubild die im Gesetz genannten ersten vier Ziele und tragen Sie ein, unter welchen Bedingungen diese Ziele als erreicht gelten können.

b| Benennen Sie ebenso die Ziele 5 und 6, die sich in der wirtschaftlichen und politischen Diskussion herausgebildet haben.

Das magische Sechseck der Wirtschaftspolitik in Deutschland

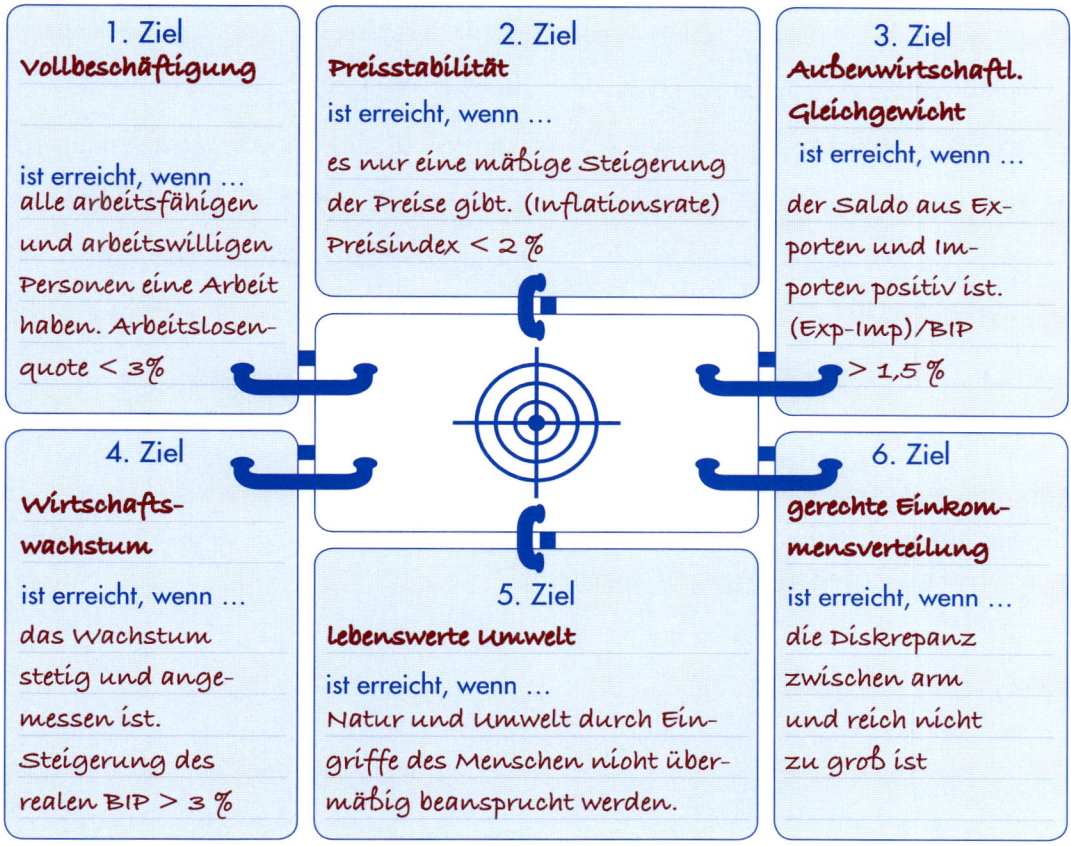

1. Ziel
Vollbeschäftigung

ist erreicht, wenn …
alle arbeitsfähigen
und arbeitswilligen
Personen eine Arbeit
haben. Arbeitslosen-
quote < 3 %

2. Ziel
Preisstabilität

ist erreicht, wenn …

es nur eine mäßige Steigerung
der Preise gibt. (Inflationsrate)
Preisindex < 2 %

3. Ziel
Außenwirtschaftl.
Gleichgewicht

ist erreicht, wenn …

der Saldo aus Ex-
porten und Im-
porten positiv ist.
(Exp-Imp)/BIP
> 1,5 %

4. Ziel
Wirtschafts-
wachstum

ist erreicht, wenn …
das Wachstum
stetig und ange-
messen ist.
Steigerung des
realen BIP > 3 %

5. Ziel
Lebenswerte Umwelt

ist erreicht, wenn …
Natur und Umwelt durch Ein-
griffe des Menschen nicht über-
mäßig beansprucht werden.

6. Ziel
gerechte Einkom-
mensverteilung

ist erreicht, wenn …
die Diskrepanz
zwischen arm
und reich nicht
zu groß ist

c| Nennen Sie Gründe, warum die genannten vier Ziele um die zwei weiteren Ziele ergänzt worden sind. Gibt es aus Ihrer Sicht noch fehlende Ziele?

Die Lebensqualität der Bevölkerung hängt eben nicht nur von wirtschaftlich

messbaren Größen ab. Durch die beiden weiteren Ziele werden wichtige Aspekte des

Umgangs mit der Natur und den Mitmenschen betont. Dazu könnten noch weitere

Ziele kommen, wie:

– Gute Bildung und Ausbildung

– Ausreichende medizinische Versorgung

d | Erklären Sie folgende Arten der Arbeitslosigkeit:

- konjunkturelle Arbeitslosigkeit: ⊃ Entsteht durch: Nachfragerückgang

- strukturelle Arbeitslosigkeit: ⊃ Entsteht durch: Schrumpfen einzelner Wirtschaftszweige

- saisonale Arbeitslosigkeit: ⊃ Entsteht durch: jahreszeitliche Einflüsse

- Fluktuationsarbeitslosigkeit: ⊃ Entsteht durch: durch Arbeitsplatzwechsel

e | Beurteilen Sie, wie gut oder schlecht die Ziele des Stabilitätsgesetzes derzeit in der Bundesrepublik erreicht werden.

Die Antworten sind abhängig von der vorherrschenden Wirtschaftslage. Für 2005 könnte argumentiert werden:

- Vollbeschäftigung ist bei einer Arbeitslosenquote von über 12 % weit verfehlt (Massenarbeitslosigkeit).

- Preisstabilität ist weitgehend erreicht (seit Einführung des Euro liegt die Inflationsrate europaweit unter 2,5 %).

- Das außenwirtschaftliche Gleichgewicht ist durch den starken Exportüberschuss gefährdet. Die zufließenden Devisen werden aber durch die Reiselust der Deutschen ins Ausland wieder ausgegeben.

- Das zu geringe Wirtschaftswachstum (reales BIP << 2 %) wird mit als Hauptursache für die schlechte Wirtschaftslage und die hohe Arbeitslosigkeit angesehen.

2 Konjunktur und Konjunkturpolitik
Beschriften Sie die Achsen, zeichnen Sie eine Konjunkturkurve über einen Zyklus und kennzeichnen Sie die einzelnen Konjunkturphasen in folgender Zeichnung.

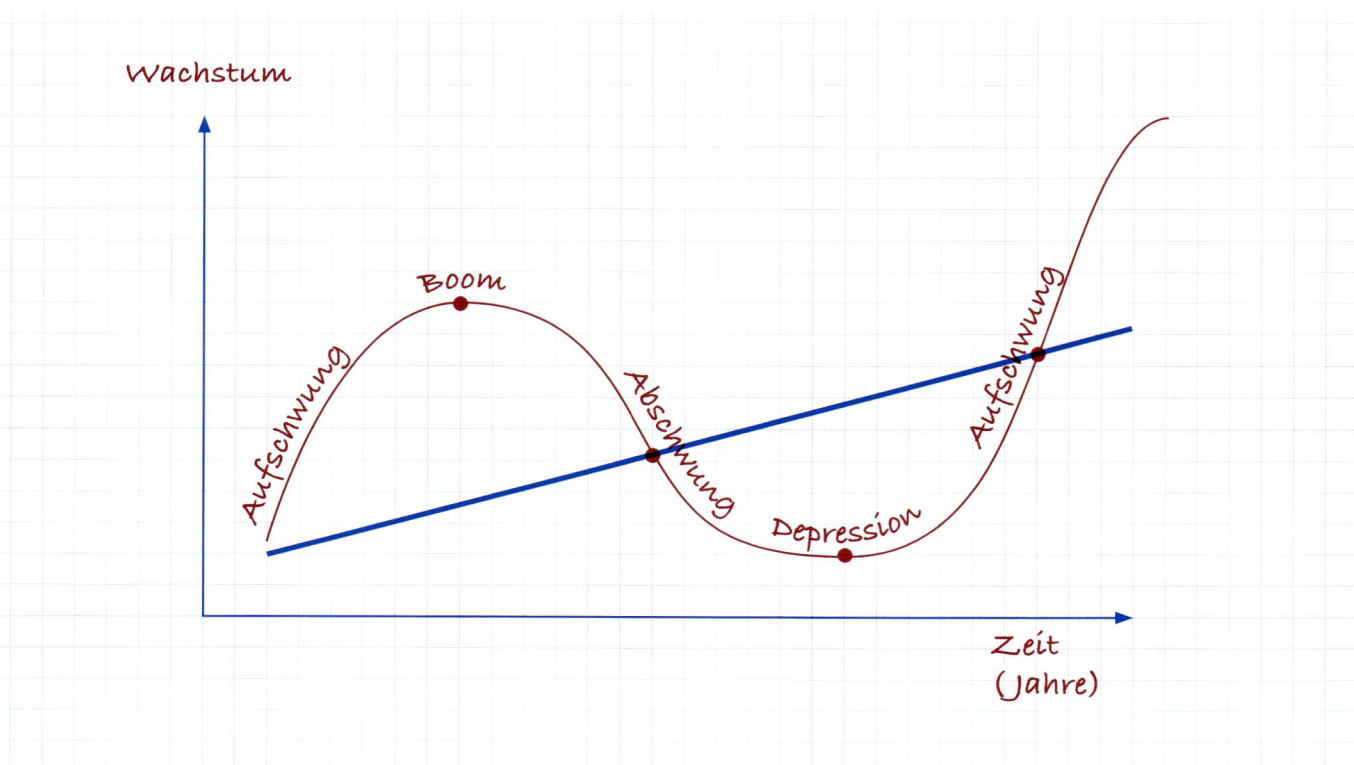

Klasse: | Datum:

Name:

3 Beschreiben Sie, wie sich die einzelnen Merkmale des Marktes in den jeweiligen Konjunkturphasen verhalten.

	Aufschwung	Boom (Hochkonjunktur)	Rezession (Abschwung)	Depression
Nachfrage	steigt an	explodiert	geht zurück, Absatzschwierig-keiten	stagniert auf niedrigem Niveau
Kapazitäts-auslastung	nimmt zu	Kapazitätsgrenze erreicht	Auslastung geht zurück	geht weiter zurück
Arbeitslosigkeit	nimmt ab	keine oder sehr gering	evtl. Kurzarbeit, steigt an	Kurzarbeit, Massenent-lassungen
Unternehmens-entwicklung	Viele Neugründungen	Neugründungen u. Unternehmens-ausweitungen	Schließen von Filialen	Vergleiche, Konkurse
Entwicklung der Löhne und Gehälter im Tarifvertrag	geringe Steigerung	hohe Steigerungen, übertarifliche Zahlungen	steigen nicht mehr so stark	steigt kaum noch
Inflationsrate	noch gering	stark ansteigend	mäßig	sinkend
Gewinnentwicklung	steigend	hoch	geringer	evtl. Verluste
Zinsentwicklung	steigend	hoch	noch hoch	sinkend

4 Vernetzungsdiagramm zum gesamtwirtschaftlichen Gleichgewicht

Ein gesamtwirtschaftliches Gleichgewicht nach dem Stabilitätsgesetz (Preisniveaustabilität, hoher Beschäftigungsstand, angemessenes Wirtschaftswachstum, außenwirtschaftliches Gleichgewicht) kann nur erreicht werden, wenn die Einflussfaktoren sowie ihre Wirkungsrichtung (positive oder negative Auswirkung) bekannt sind.

a) Verbinden Sie in der folgenden Übersicht die Elemente, die sich beeinflussen, mit einem Pfeil (in Richtung Einwirkung, ggf. mit einem Doppelpfeil). Versehen Sie diese Pfeile mit einem Pluszeichen bei gleichgerichteter Wirkung (je mehr – desto mehr) und mit einem Minuszeichen bei entgegengesetzter Wirkung (je mehr – desto weniger oder umgekehrt).

b) Diskutieren Sie Ihre Ergebnisse mit Ihrem Lehrer und mit Ihren Mitschülern. Begründen Sie jeweils Ihre Meinung zu den von Ihnen behaupteten Wirkungen.

z.B.: um die gesamtwirtschaftliche Nachfrage zu erhöhen, kann der Staat seine Nachfrage erhöhen (Ausgaben für öffentliche Aufgaben), die finanziellen Mittel dazu kann er sich durch Steuererhöhungen besorgen, dies hat aber negative Auswirkungen auf das Preisniveau, den Konsum und die Investitionen usw.

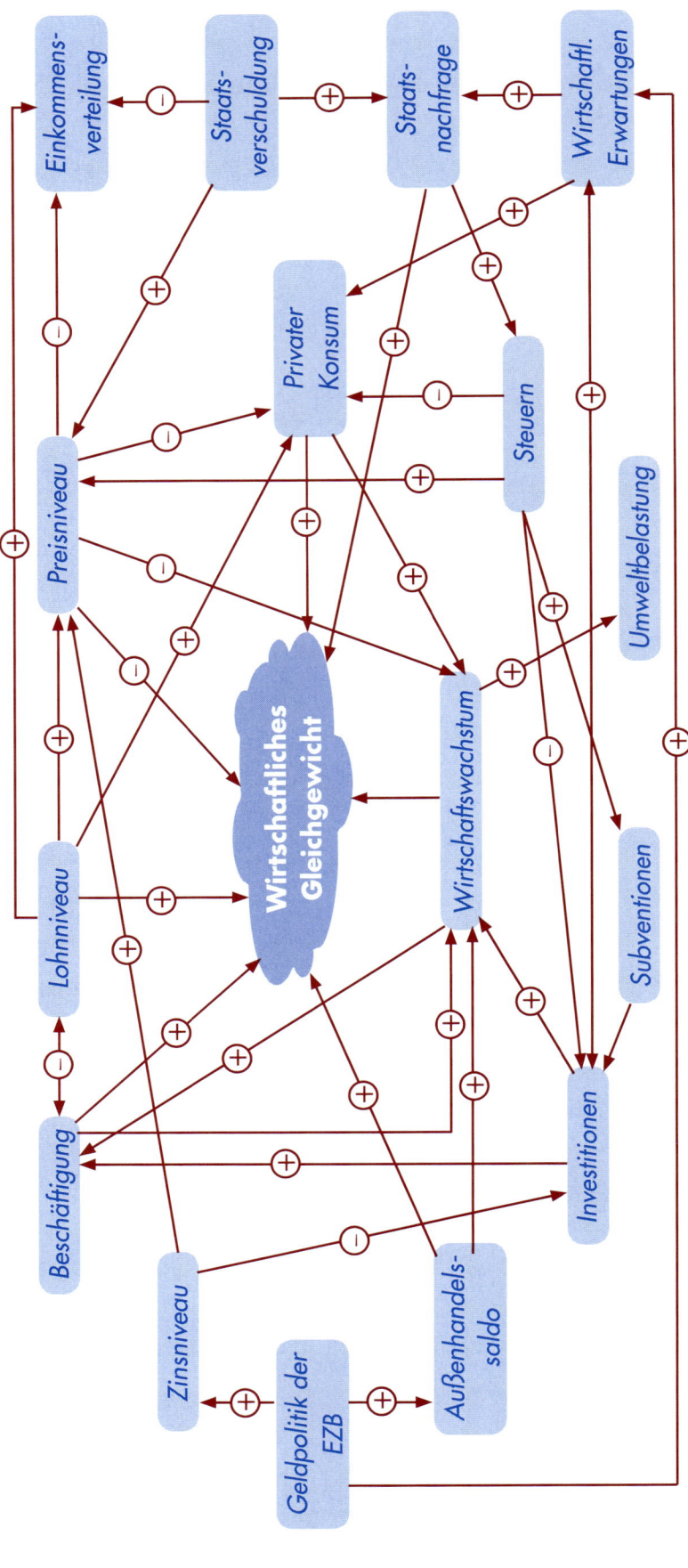

Klasse:	Datum:
Name:	

5 Lesen Sie die beiden folgenden Berichte über eine Haushaltsdebatte des Deutschen Bundestages:

a l Welche Art der Konjunkturpolitik wird von diesen Politikern vertreten?

Redner der Partei A	Redner der Partei B
Der Redner der Regierung kündigte eine Fortsetzung der steuer- und finanzpolitischen Konsolidierungspolitik an. Dazu gehöre auch die Abschaffung der Gewerbekapital- und der Vermögenssteuer. Insgesamt müsse für die Unternehmen ein investitionsfreundliches Klima geschaffen werden, damit es wieder mehr Arbeitsplätze gäbe. Er begrüßte ausdrücklich die auf Stabilität der Währung zielende Zinspolitik der Bundesbank.	Der Redner machte seine Kritik an der Politik der Regierung, an der hohen Arbeitslosigkeit, am Schuldenstand und an der ,sozialen Kälte' fest. Er stellte für den Fall eines Wahlsieges seiner Partei sofortige Steuersenkungen für Normalverdiener in Aussicht, damit die Kaufkraft gestärkt und sowohl Steuergerechtigkeit herbeigeführt als auch der Aufschwung durch eine Steigerung der Binnennachfrage gestützt werde.
▲	▲
angebotsorientierte Konjunkturpolitik	*nachfrageorientierte Konjunkturpolitik*

b l Erklären Sie mit eigenen Worten, was unter einer nachfrageorientierten und einer angebotsorientierten Konjunkturpolitik zu verstehen ist, und ordnen Sie diese den beiden Redebeiträgen der Politiker zu.

c l Welche Kritik wird gegen jeden der beiden Fälle vorgetragen?

Konjunkturpolitik	b l Argumentation der Befürworter	c l Kritik an dieser Politik
angebotsorientiert	Wichtigste Aufgabe des Staates ist es, für die Unternehmen günstige Rahmenbedingungen zu schaffen. Auf einem Markt ohne Monopole und staatliche Eingriffe stellt sich Vollbeschäftigung von alleine ein.	Die Unternehmen werden trotz bester Rahmenbedingungen nicht investieren, wenn sie ihre Produkte wegen zu geringer Nachfrage nicht absetzen können.
nachfrageorientiert	Der Staat sollte alles in seiner Macht stehende veranlassen, damit die gesamtwirtschaftliche Nachfrage gestärkt wird. Dazu kann er die Nachfrage der Haushalte insbesondere durch Steuersenkungen und Transferzahlungen erhöhen. Der Staat selbst sollte notfalls durch Kredite finanzierte Ausgaben tätigen.	Eine hohe Nachfrage zieht hohen Geldbedarf und damit hohe Zinsen nach sich. Dies ist aber wiederum schädlich für Investitionen und damit Arbeitsplätze.

6 Das soziale Sicherungssystem

a) Legen Sie dar, inwiefern die Kosten des Sozialsystems den finanzierbaren Rahmen sprengen.

Gesundheitswesen	Die Beiträge zu den Krankenkassen steigen überproportional, da die Ansprüche an das Gesundheitswesen (freie Arztwahl, teure Medikamente, Kuren) immer stärker gestiegen sind (Arzthonorare, Krankenhauskosten, Medikamente usw.).
Altersicherung	Die Beiträge zur Rentenversicherung sind nach vorherrschender Meinung zu hoch. Die Arbeitnehmer spüren dies an den hohen Abzügen von ihrem Lohn oder Gehalt. Für die Arbeitgeber, die die andere Hälfte zahlen, bedeudet dies hohe Personalzusatzkosten.
Sozialleistungen	Dazu kommt, dass immer weniger Menschen, die sich im Arbeitsprozess befinden, die Renten der älteren Mitbürger finanzieren müssen. Ein immer größerer Teil der Bevölkerung rutscht unter die Armutsgrenze, d.h., dass die Menschen Anspruch auf Sozialhilfe, Wohngeld usw. haben und damit die öffentlichen Haushalte zusätzlich belasten.

b) Für die Reform des sozialen Sicherungssystem gibt es erste Ansätze. Erklären Sie, was mit den folgenden Vorschlägen gemeint ist:

Stärkung der Eigenverantwortlichkeit des Einzelnen	Das Anspruchsverhalten wird durch das derzeitige System begünstigt. Es besteht keine Äquivalenz zwischen beanspruchter Leistung und Beitrag zur Finanzierung. Die Solidargemeinschaft wird über Gebühr beansprucht.
Stärkung des Versicherungsprinzips	Da der Generationenvertrag bald nicht mehr finanzierbar ist, muss das Versicherungsprinzip stärker zum Zuge kommen, d.h., jeder muss sich über die Grundsicherung hinaus selber versichern.
Zulassung marktwirtschaftlicher Steuerungsinstrumente	Statt staatlicher Zuteilung und administrativer Steuerung (Höchstpreise, Positiv-/Negativlisten) muss mehr Wettbewerb zugelassen werden und muss der Preismechanismus wieder zum Zuge kommen.
Begrenzung der Sozialversicherung auf Großrisiken	Die gesetzliche Sozialversicherung sollte nur das Grundrisiko absichern. Darüber hinausgehende Wünsche müssten privat versichert oder bezahlt werden.

Klasse: Datum:

Name:

_____

1 Die Harmonisierung in der Europäischen Union (EU)

Ein Ziel der EU für den gemeinsamen Binnenmarkt ist die Beseitigung von Hindernissen, die dem freien Personen- und Güterverkehr im Wege stehen. Geben Sie jeweils zwei Beispiele und stellen Sie fest, ob das Ziel erreicht wurde.

Beseitigung ...

materieller Hindernisse: – Grenzkontrollen von Personen sind entfallen

– Niederlassungs- und Beschäftigungsfreiheit sind erreicht

– Anerkennung von Diplomen

technischer Hindernisse: – Produktionsvorschriften und Normen sind z. T. vereinheitlicht (CEN)

– Im Lebensmittelrecht nur Rahmenrichtlinien

steuerlicher Hindernisse: – Einheitliche MWSt. ist nicht erreicht (Bereich: 15 % – 25 %)

– Freizügigkeit im Geld-, Kapitalverkehr ist mit Einführung des Euro erreicht

2 Die Institutionen der EU

Füllen Sie den Lückentext zu Institutionen der Europäischen Union (EU) aus:

gesetzgebende Organ – Straßburg – ausführende Organ – begrenzten Rechten – Brüssel – wechselnden Tagungsorten – mitentscheiden – direkt – Fachministern – 4 bis 29 Stimmen – mitgestalten – Kontrollorgan – 25 Mitgliedern – Entwicklung der Union – EU-Vertragsbestimmungen – Maastricht – Vorschlags- und Initiativrecht – Durchführung der Ratsbeschlüsse – 732 Mitglieder

Der **Ministerrat** ist das _gesetzgebende Organ_ der EU. Er kommt an _wechselnden_ _Tagungsorten_ zusammen und setzt sich je nach behandelter Thematik aus den zuständigen _Fachministern_ zusammen. Die Mitgliedsländer verfügen im Ministerrat je nach ihrer Größe über _4 bis 29 Stimmen_ .

Die **Kommission** ist das _ausführende Organ_ der EU. Sie besteht aus _25_ _Mitgliedern_ (aus jedem Land 1 Kommissar) und hat ihren Sitz in _Brüssel_ . Die Kommission ist für die _Durchführung der Ratsbeschlüsse_ und die Anwendung der _EU-Vertragsbestimmungen_ verantwortlich. Sie hat aber auch ein weitgehendes _Vorschlags- und Initiativrecht_ , mit dem sie die _Entwicklung der Union_ vorantreiben kann.

Das **Europäische Parlament** mit Sitz des Plenums in _Straßburg_ ist das _Kontrollorgan_ der Gemeinschaft. Die _732 Mitglieder_ des Parlaments werden in den einzelnen EU-Ländern _direkt_ gewählt. Seit dem Inkrafttreten des Vertrages von _Maastricht_ kann das Europäische Parlament, das bis dahin nur mit _begrenzten Rechten_ ausgestattet war, in vielen Bereichen der europäischen Politik _mitentscheiden_ und _mitgestalten_ .

3 Gemeinsame Agrarpolitik (GAP)

Aus dem unten stehenden Schaubild geht hervor, wie sich die Preise durch die EU-Agrarreform (Agenda 2000) ändern werden.

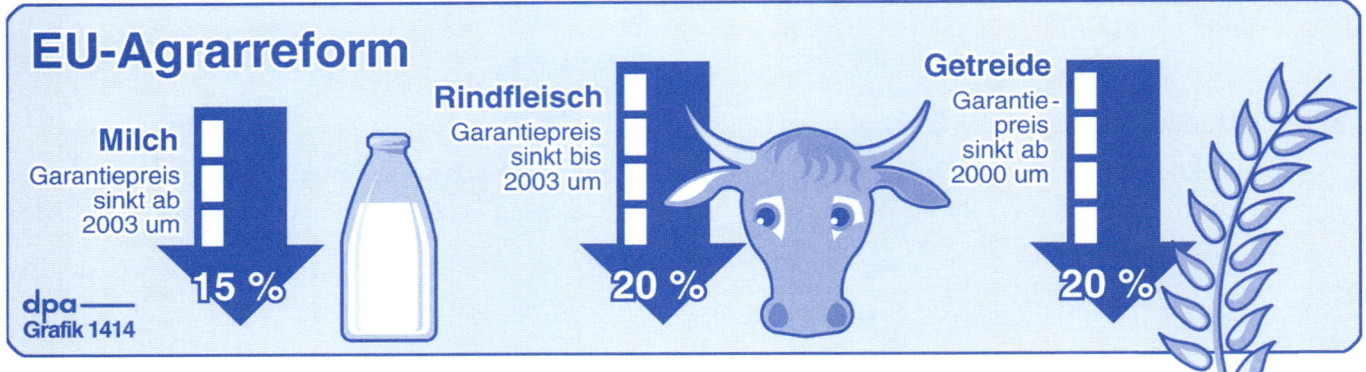

a l Welche Folgen haben Preise, die weit über dem Weltmarktniveau liegen?

Bei hohen Preisen produzieren die Landwirte mehr. Um auf dem Weltmarkt

verkaufen zu können, müssen Exportsubventionen gezahlt werden.

b l Erklären Sie, wieso es durch Preisstützung durch den Staat zur Überproduktion (Butterberg, Weinsee usw.) kommt.

Die Preise geben den Landwirten das falsche Signal, nämlich mehr zu produzieren.

Dadurch entsteht ein Angebotsüberschuss, den der Staat aufkaufen muss.

c l Warum hat der Staat überhaupt ein Interesse an Einkommensunterstützung (sei es über Preise oder über staatliche Zuschüsse) für die Landwirte?

– Erhaltung des Wirtschaftzweiges   – Unabhängigkeit vom Weltmarkt

– Erhaltung der Familienbetriebe   – Landwirte als Landschaftspfleger

d l Welches Interesse haben die Nicht-EU-Staaten an einem Abbau der Preissubventionen?

– Wettbewerbsverzerrungen

– Zugang zum EU-Markt wird behindert (Abschottung der EU)

– Einseitigkeit der Wirtschaftsbeziehungen (andere Märkte

   sind für EU-Länder zum großen Teil auch frei)

e l Mit der Weiterentwicklung der GAP sind im Jahre 2003 die Unterstützungszahlungen der EU an die Landwirte von der Erzeugung entkoppelt worden. Statt dessen werden die Zahlungen an die Landwirte als Direktbeihilfen geleistet. Welche Vorteile hat diese Regelung?

Die Landwirte können flexibler auf den Markt reagieren. Die Zahlungen

sind nicht mehr davon abhängig, was und wie viel der Landwirt produziert.

Trotzdem ist das Einkommen der Landwirte weiter gesichert und sie müssen

dafür Auflagen hinsichtlich Landschafts- und Umweltschutz erfüllen.

Klasse: | Datum:

Name:

4 In der Tabelle ist das jeweilige BIP pro Kopf der Bevölkerung (in EUR) für die 15 ‚alten' EU-Länder angegeben:

Land	1990	2003	Index	Rang	Zunahme
A	17.945	27.670	103,0	6	54,2
B	14.802	25.640	95,4	10	73,2
D	18.408	25.810	96,1	9	40,2
DK	19.410	35.020	130,3	2	80,4
E	9.736	18.160	67,6	13	86,5
F	16.237	25.170	93,7	11	55,0
FIN	16.408	27.510	102,4	7	67,7
GB	13.942	26.520	98,7	8	90,2
GR	5.065	13.950	51,9	14	175,4
I	14.631	22.380	83,3	12	53,0
IRL	9.203	33.710	125,5	3	266,3
L	18.024	51.240	190,7	1	184,3
NL	14.231	27.880	103,8	5	95,9
P	4.547	12.730	47,4	15	180,0
S	17.880	29.650	110,3	4	65,8
EU (Durchschnitt)	14.031	26.869	100,0		91,5

a) Berechnen Sie den Index für das BIP/Kopf für 2003 (EU-Durchschnitt gleich 100).

b) Tragen Sie die Rangfolge in die Tabelle ein, und stellen Sie fest, welches die vier „reichsten" und welches die vier „ärmsten" Länder dieser Liste sind.

Die vier „reichsten"

Länder sind:

L, DK, IRL, S

Die vier „ärmsten"

Länder sind:

P, GR, E, I

c) Welche Länder haben die höchsten Zuwachsraten gegenüber 1990 zu verzeichnen? Worin können die Gründe dafür liegen?

P, IRL, GR -> Gründe sind:

relativ niedriges Ausgangsniveau, niedrige Lohnkosten, aufstrebende Wirtschaft

5 Unter Globalisierung versteht man die ökonomische, politische und kulturelle Überwindung von (Staats-) Grenzen. In wirtschaftlicher Hinsicht ist damit eine enorme Zunahme des grenzüberschreitenden Handels, der Direktinvestitionen im Ausland, Internationalisierung der Finanzmärkte und der Produktion verbunden. Tragen Sie in diesem Schaubild wesentliche Ursachen und Folgen der Globalisierung ein.

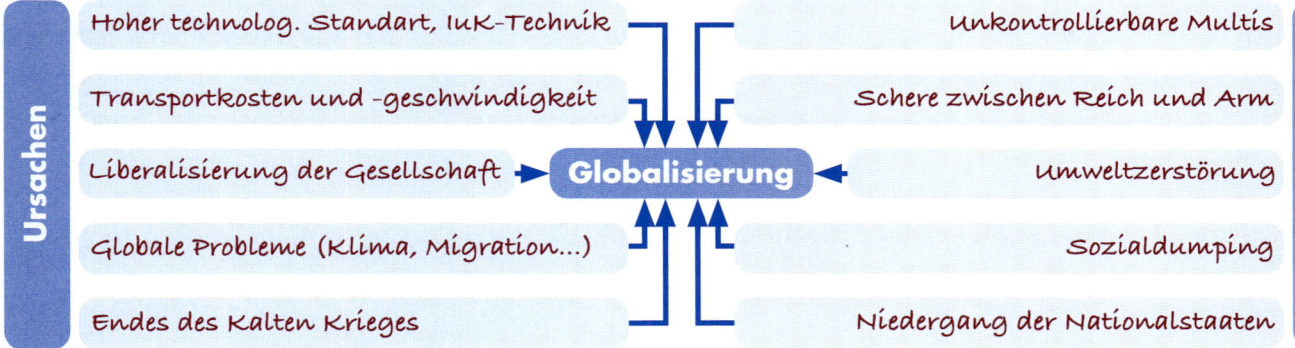

Ursachen
- Hoher technolog. Standart, IuK-Technik
- Transportkosten und -geschwindigkeit
- Liberalisierung der Gesellschaft
- Globale Probleme (Klima, Migration...)
- Endes des Kalten Krieges

Globalisierung

Folgen
- Unkontrollierbare Multis
- Schere zwischen Reich und Arm
- Umweltzerstörung
- Sozialdumping
- Niedergang der Nationalstaaten

1 Situation

Herr Bernd Struwe ist Kfz-Mechaniker und hat ein Jahreseinkommen von 32.485,00 €. Seine Frau, Monika Struwe, ist halbtagsbeschäftigt und verdient 11.030,0 € im Jahr. Das Paar hat zwei schulpflichtige Kinder; die Familie gehört der evangelischen Kirche an.

a) *Auf der Lohnsteuerkarte steht ausdrücklich, dass sie genau überprüft werden soll. Waren die Eintragungen auf der Lohnsteuerkarte für Herrn Struwe korrekt?*
(Stichtag ist der 1. Oktober)

Ja, Stkl. III gilt für verheiratete Arbeitnehmer, deren Ehegatte in StKl. V eingestuft ist. Angaben zu Kindern und Religion sind korrekt.

Alle Eintragungen in der Lohnsteuerkarte genau prüfen! Lesen Sie die Informationsschrift „Lohnsteuer 20-.-."	Ordnungsmerkmale des Arbeitgebers

Lohnsteuerkarte 20..

Gemeinde und AGS
79102 Freiburg i. Br.   08 311000

Finanzamt und Nr. **79104 Freiburg-Stadt 2806**	Geburtsdatum **15.10.1963**	
Herrn Bernd Struwe Fehrenbachallee 14 79106 Freiburg i.Br.	**I. Allgemeine Besteuerungsmerkmale**	
	Steuer- klasse	Kinder unter 18 Jahren: Zahl der Kinderfreibeträge
	3	**2,0**
	Kirchensteuerabzug	
	ev.	
	Datum **30.11.20..**	

(Gemeindebehörde)	STADT FREIBURG im Breisgau – Amt für Statistik und Einwohnerwesen –

b) *Welche Behörde nimmt eventuell notwendige Änderungen der Lohnsteuerkarte vor?*

Änderung durch die Gemeindebehörde, nicht durch das Finanzamt!

c) *Welche Bedeutung hat die Eintragung der richtigen Steuerklasse für die Familie Struwe?*

Fam. Struwe zahlt dadurch schon während des Jahres in etwa die Steuer, die sich erst nach Ablauf des Jahres genau bestimmen lässt.

d) *Herr Struwe hat die Informationsschrift, die der Karte beigefügt war, sorgfältig gelesen und möchte nun einen Freibetrag auf der Lohnsteuerkarte eintragen lassen. Erklären Sie, wie dieser Antrag heißt und wo er gestellt werden muss. Welche Bedeutung hat dieser Freibetrag für die Familie Struwe?*

Antrag auf Einkommensteuer-Ermäßigung muss beim Finanzamt beantragt werden.

Durch die Eintragung eines Freibetrages können die Struwes schon während des Jahres die Steuern sparen, die sie sonst erst nach der Einkommensteuererklärung zurückerhalten würden.

Klasse:	Datum:
Name:	

2 Für die Einkommensteuererklärung nach Ablauf des Jahres stellt Herr Struwe seine Werbungskosten zusammen:

- Fahrt zur Arbeit an 220 Tagen im Jahr mit dem eigenen PKW (einfache Strecke = 22 km / neueste Kilometerpauschale beachten).
- Monatlicher Gewerkschaftschaftsbeitrag von 16,00 €.
- Fachliteratur und Fachzeitschriften laut beigefügter Einzelaufstellung 150,00 €.
- Für Arbeitskleidung und deren Reinigung 58,00 €.
- Gebühren für zwei EDV-Kurse bei Bit & Byte 587,00 €.
- Kursunterlagen und Fahrtkosten dorthin 48,00 €.

Tragen Sie alle Angaben in den Teilausschnitt des Formulars N ein, und berechnen Sie die gesamten Werbungskosten:

Zeile	Werbungskosten								
31	**Wege zwischen Wohnung und Arbeitsstätte** (Entfernungspauschale)								
32	Die Wege wurden ganz oder teilweise zurückgelegt mit einem eigenen oder zur Nutzung überlassenen	☒ privaten Pkw	☐ Firmenwagen		Letztes amtl. Kennzeichen	**FR - XY 99**			
33	Arbeitsstätte in (Ort und Straße) – ggf. nach besonderer Aufstellung – **Nimburg, Industriestraße 32**				Arbeitstage je Woche **5**	Urlaubs- und Krankheitstage **12**			
34									
35	Arbeitsstätte lt. Zeile	aufgesucht an	einfache Entfernung	mit PKW	zurückgelegte Entfernung mit öffentl. Verkehrsmitteln, Motorrad, Fahrrad o.ä., als Fußgänger oder Mitfahrer einer Fahrgemeinschaft	Behinderungsgrad mind. 70 oder mind. 50 und Merkzeichen „G"	**72** Entfernungspauschale		
36	**33**	40 **220** Tagen	41 **22** km	68 **22** km	km	Ja	61 Bei Behinderung = 2		
37		43 Tagen	44 km	69 km	km	Ja	62 Bei Behinderung = 2		
38		46 Tagen	47 km	70 km	km	Ja	63 Bei Behinderung = 2		
39		65 Tagen	66 km	71 km	km	Ja	67 Bei Behinderung = 2		
40	Aufwendungen für Fahrten mit öffentlichen Verkehrsmitteln (ohne Flug- und Fährkosten)					49 **1.452** €	49		
41	Vom Arbeitgeber gezahlter Fahrtkostenersatz				73 steuerfrei gezahlt	50 pauschal besteuert	50		
42	**Beiträge zu Berufsverbänden** (Bezeichnung der Verbände) **Gewerkschaft**					51 **192**	51		
43	**Aufwendungen für Arbeitsmittel** – soweit nicht steuerfrei ersetzt – (Art der Arbeitsmittel bitte einzeln angeben.) **Arbeitskleidung**			**108** €			73		
44	**Fachliteratur**		+ **150** ▸			52 **258**	52		
45	**Weitere Werbungskosten** (z. B. Fortbildungskosten, Reisekosten bei Dienstreisen, Fahrtkosten bei Einsatzwechseltätigkeit, Flug- und Fährkosten) – soweit nicht steuerfrei ersetzt –								
46	**Fortbildung**		+						
47	**(lt. beigefügter Anlage)**		+ ▸			53 **635**	53		

Gesamte Werbungskosten = **2.537**

3 Für die Einkommensteuererklärung der Familie Struwe liegen außer den bereits genannten Angaben folgende Daten vor:

- Frau Struwe hat aus einem Bausparvertrag Zinserträge in Höhe von 295,00 € und Herr Struwe aus festverzinslichen Wertpapieren in Höhe von 511,00 €.
- Die Vorsorgeaufwendungen (Sozialversicherung usw.) der Familie Struwe können mit 3.996,00 € angerechnet werden.
- Die gezahlte Kirchensteuer betrug 148,00 €.
- Spenden ans DRK und „Brot für die Welt" 100,00 €.
- Die Rechnung des Steuerberaters betrug 225,00 €.
- Sonstige Beträge sind, wenn möglich, mit dem Pauschalbetrag anzusetzen.

Berechnen Sie mithilfe des (vereinfachten) Steuerschemas den Erstattungs- oder Nachzahlungsbetrag der Familie Struwe, wenn im letzten Jahr insgesamt 5.730,00 € Steuern von den Arbeitgebern einbehalten wurden.

	Einkommensteuererklärung			
2	**Einkünfte / Abzüge**	**Ehemann**	**Ehefrau**	**Zusammen**
3	+ Bruttoarbeitslohn	32.485	11.030	
4	- Werbungskosten	-2.537	-920	
5	**= Einkommen aus nichtselbständiger Arbeit**	29.948	10.110	40.058
6	+ Zinseinkommen	806		806
7	- Werbungskostenpauschale			-102
8	- Sparerfreibetrag			-2.740
9	**= Einkünfte aus Kapitalvermögen** (nicht negativ!)			0
10	**= Gesamtbetrag der Einkünfte**			40.058
11	- Vorsorgeaufwendungen			-3.996
12	- Sonderausgaben			-473
13	- Außergewöhnliche Belastung			0
14	**= Zu versteuerndes Einkommen**			35.589
15	**=>Einkommensteuer** (gemäß Splittingtarif 2005)			4.518
16	+ Solidaritätszuschlag			248
17	- Bereits gezahlte Steuer			-5.730
18	**= Nachzahlung (+) / Erstattung (-)**			-964

4 Angenommen, Bernd und Monika Struwe hätten statt der Zusammenveranlagung die **getrennte Veranlagung** gewählt und die beiden hätten das folgende zu versteuernde Jahreseinkommen:

- Bernd Struwe: 26.408,00 €
- Monika Struwe: 8.803,00 €

Wie viel € Steuern hätten die beiden jetzt zusammen zu zahlen? Erläutern Sie die Abweichungen zu Aufgabe **3**.

Bernd: 4.692 € ⎫
                          ⎬ Steuer nach Grundtabelle
Monika: 182 € ⎭

        4.874 €   zusammen

Splittingvorteil: 4.874 - 4.518 = <u>356 €</u>
                    ↑(nach Splittingtarif 2005)

Grund: Beim Splitting wird das Einkommen halbiert und dann die Steuer

verdoppelt (wegen Progression ist dies günstiger).

Klasse:	Datum:
Name:	

5 Legen Sie für diese Aufgabe Ihre persönlichen Verhältnisse als Auszubildende(r) zugrunde.

a) Ab welcher Ausbildungsvergütung müssen Sie überhaupt Steuern zahlen?

Die Besteuerung beginnt nach dem Steuertarif 2005 bei allen (zu versteuernden) Einkommen bei 7.664,00 € (Grundfreibetrag).

b) Wie viel Steuern müssen Sie zahlen, wenn Sie die Ausbildungsvergütung des dritten Lehrjahres zugrunde legen?

Annahme: Vergütung im 3. Lehrjahr = 775,00 € mtl.

⇒ Einkommen = 9.300,00 € – (Werbungskostenpauschale) 920,00 €

= 8.380,00 € ⇒ 111,00 € Steuer (für das ganze Jahr 2005)

c) Lohnt sich für Sie die freiwillige Abgabe einer Einkommensteuererklärung?

Nur, wenn höhere Aufwendungen als die Pauschale geltend gemacht werden können.

d) Bis wann müssten Sie sie ggf. beim Finanzamt einreichen?

Eine freiwillige Steuererklärung muss bis zum 31. Dezember des übernächsten Jahres eingereicht werden.

6 Wie erklärt sich, dass sich die Bruttoverdienste von 1970 bis heute zwar mehr als verdoppelt haben, dass sich die Steuereinnahmen aber verachtfacht haben?

Die Ursachen dafür liegen in der Steuerprogression: Immer mehr Einkommensbezieher sind durch Einkommensteigerungen im Steuertarif in die Progressionszone gerutscht, obwohl die Steuertarife immer wieder (aber nicht ausreichend!) angepasst werden.

7 Welche sozialpolitischen Ziele werden verfolgt mit …

a) der Steuerprogression?

Höhere Einkommen werden nicht nur absolut, sondern auch prozentual höher besteuert: Gerechtigkeitsaspekt (höhere Leistungsfähigkeit)

b) dem Grundfreibetrag?

Existenzminimum soll steuerfrei bleiben; wirkt sich bei niedrigem Einkommen stärker steuermindernd aus als bei hohem Einkommen.

8 a) Erklären Sie die Zinsabschlagsteuer, und zeigen Sie, wie man sich von dieser Steuer weitgehend befreien kann.

Die Banken müssen von den Zinsen 30% Steuern einbehalten und ans Finanzamt überweisen (Quellensteuer). Durch einen „Freistellungsantrag" kann man sich bis zur Freigrenze (1.500,00 € Alleinstehende, 3.100,00 € Verheiratete) davon befreien.

b) Welchen Betrag kann ein Lediger bei einem Zinssatz von 6% gewinnbringend anlegen, ohne dass er darauf Steuern zu zahlen hätte?

Ein Lediger kann 51,00 € Werbungskosten und 1.370,00 € Sparerfreibetrag geltend machen:

1.421,00 € ≙ 6% d. h., 100% ≙ <u>23.683,33 €</u>

wäre der maximal anzulegende Geldbetrag, ohne dass Steuern fällig wären

(Verheiratete doppelter Betrag)

ZUORDNUNGSAUFGABE

a) Ordnen Sie die Märkte den Sachverhalten richtig zu.

Märkte:		Sachverhalte:		Lösung:
A	Gütermarkt	a)	Anmieten eines Büros	E
B	Dienstleistungsmarkt	b)	Einstellung einer Hilfskraft	C
C	Arbeitsmarkt	c)	Verkauf von Heizöl	A
D	Finanzmarkt	d)	Beratung eines Steuerpflichtigen	B
E	Immobilienmarkt	e)	Gewährung eines Baudarlehens	D
		f)	Kauf von Lebensmitteln	A
		g)	Besuch eines Friseurs	B

b) Welche Maßnahmen entsprechen eher der nachfrageorientierten (N) beziehungsweise der angebotsorientierten (A) Konjunkturpolitik?

a)	Steuersenkung für Arbeitnehmer	N
b)	Zusätzliche Staatsausgaben	N
c)	Herabsetzung der Kündigungsfrist	A
d)	Senkung der Lohnnebenkosten	A
e)	Verbesserung der Infrastruktur	A
f)	Verbesserung der Exportbedingungen	N
g)	Steuersenkungen für Unternehmen	A
h)	Erhöhung von Sozialtransfers	N

Simulation einer Unternehmensgründung
Gründungshilfen und Standorte

1 Unternehmenszielsetzungen

Eine Unternehmung, ein Handwerksbetrieb entsteht nicht an einem Tag, sondern der Existenzgründer benötigt sehr viel Zeit und Überlegungen, um einen neuen Betrieb zu entwerfen, kritisch zu analysieren und nach der endgültigen Entscheidung dann zu errichten. Der Prozess der Gründung nimmt üblicherweise einen Zeitraum von ½ bis 1 Jahr in Anspruch.

Situation:

Hans Müller hat seine Prüfung zum Bäckermeister bestanden und beabsichtigt sich selbstständig zu machen. Mit dieser eigenen Bäckerei möchte er natürlich Gewinn machen.

Gewinn = Nettoverkaufserlöse minus Selbstkosten

2 Überlegen Sie, wo Bäcker Müller seinen Betrieb unbedingt anmelden muss:

Wo anmelden?	Was anmelden bzw. beantragen?
Gewerbeamt	Gewerbeschein beantragen
Handwerkskammer	Eintragung in die Handwerksrolle vornehmen lassen
Berufsgenossenschaft	Anmeldung zur betrieblichen Unfallversicherung
Krankenkasse	Anmeldung der angestellten Mitarbeiter
Finanzamt	Beantragung der Steuernummer
Arbeitsamt	Beantragung einer Betriebsnummer für versicherungspflichtige Angestellte

3 Welche Stellen geben dem Existenzgründer Müller Informationen über die Finanzierung seines Betriebes?

– die zuständige Kammer

– der zuständige Verband und die

   Innung

– der private Unternehmensberater

– die Gründungsbank (= Hausbank)

– das Internet, z. B. „www.ifex.de"

   (Informationszentrum für Existenz-

   gründungen des Landesgewerbeamtes

   Baden-Württemberg)

4 Standort

Nur in Ausnahmefällen verfügt der Gründer über ein eigenes Grundstück mit entsprechendem Gebäude. Leider kann Bäcker Müller nicht auf eine solche Immobilie zurückgreifen. Bei seiner Suche nach einer Bäckerei bedient er sich eines Immobilienmaklers. Dieser nennt ihm nach intensiver Suche drei Geschäftshäuser, in denen die Eröffnung einer Bäckerei möglich wäre.

- in der City: Miete pro Monat € 15.000,–
- in City-Randlage: Miete pro Monat € 5.500,–
- im Vorort: Miete pro Monat € 2.500,–

Neben der Lage und Miete müssen für die Entscheidung zugunsten eines Standortes noch andere Faktoren hinzukommen. Welche sind das?

Anzahl der Kunden, Steuerabgaben, Emissionswerte, Lohnniveau,

Parkmöglichkeiten, Anbindung der öffentlichen Verkehrsmittel, Ausbildung der

Mitarbeiter, Anlieferungsmöglichkeiten, Subventionen

5 Es gibt eine Bewertungsmethode, die jedem Unternehmensgründer Hilfestellung bei der Entscheidung gibt: die Entscheidungsmatrix.

Gewichtung: Die Einflussfaktoren werden gewichtet von schwach (= 1) bis stark (= 10).
Bewertung: Die Wichtigkeit der Einflussfaktoren wird vom Unternehmer unterschiedlich bewertet von sehr schlecht (= 1) bis sehr gut (= 10).
Die Punkte errechnen sich aus der Multiplikation von Gewichtung und Bewertung.
Der Standort mit der höchsten Punktzahl ist der empfehlenswerteste Standort nach dieser Methode.

Nennen Sie 10 Punkte, die für die Standortwahl wichtig sind und gewichten und bewerten Sie nach dieser Methode.

Standorte: Einflussfaktoren	Gewich-tung	City Bewert.	City Pkte.	City-Randlage Bewert.	City-Randlage Pkte.	Vorort Bewert.	Vorort Pkte.
Kundennähe	8	10	80	9	72	2	16
Verkehrslage	9	4	36	4	36	1	9
Kundenparkplätze	6	1	6	3	18	7	42
Ausbildung der Mitarbeiter	2	4	8	4	8	4	8
Lieferantennähe	8	5	40	6	48	5	40
Konkurrenz	4	2	8	5	20	6	24
Miete	10	1	10	5	50	8	80
Steuer	6	2	12	2	12	2	12
Anlieferung	7	2	14	5	35	8	56
Erweiterungsmöglichkeit	5	1	5	3	15	4	20
Summe der Punkte			219		314		307
Rangordnung			3		1		2

Bäcker Müller entscheidet sich für den Standort: *City-Randlage*

6 Um das Geld für seine Gründung zusammenzubekommen, muss Müller viele Überlegungen vornehmen. Woher kann das Geld kommen?

- eigenes Geld von:
  – *Müller selbst*
  – *Eltern, Großeltern,*
     Geschwistern
  – *Ehepartner*

- fremdes Geld von:
  – *privaten Kreditgebern*
  – *Banken*
  – *Lieferanten*

- staatliches Geld von:
  – *Fördermittel zur*
     Existenzgründung

Simulation einer Unternehmensgründung
Unternehmensformen (1)

1 Das Einzelunternehmen

Bäcker Müller überlegt, welche Unternehmensform er wählen soll. Hans Müller will Einzelunternehmer werden.

a l Welchen Namen darf er seiner Bäckerei geben?

Jeden Namen, auch Fantasienamen mit dem

Zusatz „e. K." (eingetr. Kaufmann/Kauffrau),

„e. Kfm." (eingetr. Kaufmann) oder „e. Kfr."

(eingetr. Kauffrau).

b l Wie hoch ist das Kapital, das er zur Gründung aufbringen muss?

Einen gesetzlichen Mindestbetrag gibt es nicht.

c l Welche Vor- und Nachteile ergeben sich aus dieser Entscheidung, Einzelunternehmer zu sein?

Vorteile	Nachteile
Er kann frei entscheiden.	Er trägt das gesamte Risiko.
Er kann schnell entscheiden.	Die persönlichen Eigenheiten des Unternehmers bestimmen die Arbeit.
Er ist anpassungsfähiger gegenüber der Konkurenz.	Er haftet mit dem Betriebs- und Privatvermögen.
Er bestimmt alleine über den gesamten Gewinn.	Es ist häufig schwierig, Fremdkapital zu beschaffen.

ERGÄNZENDE INFORMATIONEN: Ca. 90 % aller Unternehmen in der Bundesrepublik Deutschland sind Einzelunternehmen. Diese Unternehmensform findet sich besonders bei kleinen und mittleren Betrieben. Sie beschäftigen ca. 40 % aller Arbeitnehmer.

2 BGB-Gesellschaft

Während des Besuchs der Meisterschule haben Hans Müller und Karl Lehmann darüber gesprochen, sich zusammen selbstständig zu machen. Das wäre für beide finanziell einfacher durchzuführen. Sie können diesen Schritt ohne große Formalitäten als BGB-Gesellschaft durchführen.

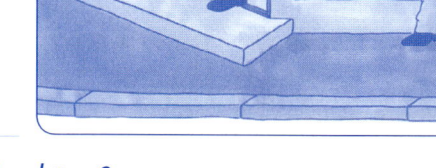

a l Was heißt BGB-Gesellschaft?

Gesellschaft des bürgerlichen Rechts

b l Wie wird die Gesellschaftsform üblicherweise auch abgekürzt?

GbR oder GdbR

c l Welche Firmennamen darf die BGB-Gesellschaft führen?

Sie darf prinzipiell keinen eigenen Firmennamen führen. Sie muss alle ausge-

schriebenen Vor- und Nachnamen der Gesellschafter führen.

d| Welche Haftung übernimmt der jeweilige Gesellschafter?

Jeder Gesellschafter haftet mit seinem Privat- und Geschäftsvermögen

e| Wer führt eine BGB-Gesellschaft?

Die einzelnen Gesellschafter in ihrer Gesamtheit

f| Welche Vor- und Nachteile ergeben sich aus einer BGB-Gesellschaft?

Vorteile	Nachteile

– lässt sich ohne Formalitäten schnell gründen
– freie Vertragsgestaltung
– Risikostreuung auf mehrere Gesellschafter
	– ist kein Unternehmen, wird nicht ins Handels-
	  register eingetragen
	– besitzt keine eigene Rechtsfähigkeit
	– alle Gesellschafter haften mit Geschäfts- und
	  Privatvermögen
	– alle Gesellschafter führen Geschäfte gemeinsam
	– Gewinn und Verlust wird unabhängig von der
	  Einlage zu gleichen Anteilen verteilt

g| Ist die BGB-Gesellschaft eine sinnvolle Unternehmensform im Handwerk?

Nein, denn es handelt sich nicht um ein Unternehmen. Sie unterliegt nur dem

BGB, nicht aber dem HGB. Sie eignet sich besonders für zeitweise zusammen-

arbeitende Handwerksbetriebe z. B. in Form einer Arbeitsgemeinschaft (ARGE).

3 Kommanditgesellschaft

Müller überlegt, ob er mit seiner Frau Marlies eine KG gründen soll. Bei dieser Unternehmensform muss er auf bestimmte Besonderheiten achten.

a| Erklären Sie die Begriffe:

• Komplementär:

Vollhafter: Er ist Geschäftsführer und haftet mit

seinem gesamten Geschäfts- und Privatvermögen.

• Kommanditist:

Teilhafter: Er ist Anteilseigner und haftet nur mit dem Geschäftsvermögen.

b| Welche Rechte und Pflichten hat Marlies Müller als Kommanditistin?

Rechte	Pflichten
– Teilnahme an Gesellschaftsversammlungen	– Einlage in vereinbarter Höhe leisten
– Begrenztes Kontrollrecht durch Einsichtnahme in Bilanzen	– Haftung mit seinem Geschäftsvermögen
– Auszahlung des vertraglich geregelten Gewinnanteils	– Verlustbeteiligung, maximal in Höhe seines Geschäftsvermögens
– Widerspruchsrecht bei außergewöhnlichen Geschäften (z.B. Grundstücksverkauf)	– Weder Geschäfts- noch Vertretungsbefugnis

Kapitel
8

Arbeitsblatt zu „Wirtschaft heute" von Crone/Kühn

Simulation einer Unternehmensgründung
Unternehmensformen (2)

Klasse:	Datum:
Name:	

4 Gesellschaft mit beschränkter Haftung

Langfristig plant Müller die Ausweitung seines Geschäfts. In den nächsten fünf Jahren will er zwei weitere Filialen gründen. Alle sollen „Der Brotladen" heißen und als GmbH geführt werden.

a l Welche Gründe können vorliegen?

Bisher haftete er mit dem gesamten Vermögen.

In der GmbH haftet der Gesellschafter nur mit

seinem Geschäftsvermögen.

b l Wie hoch ist das Stammkapital einer GmbH?

mindestens 25.000,00 € pro GmbH, mindestens 100,00 € je Gesellschafter

c l Welche Organe umfasst die GmbH und welche Aufgaben haben sie?

Organe	Aufgaben
Gesellschafterversammlung	beschließendes Organ: Gesellschafter hat Stimmrecht in Höhe seiner Kapitalbeteiligung
Aufsichtsrat	kontrollierendes Organ: Er kontrolliert die Geschäftsleitung (muss nur bei mehr als 500 Arbeitnehmern eingerichtet werden)
Geschäftsleitung	ausführendes Organ: Sie ist für alle unternehmerischen Entscheidungen verantwortlich

5 Aktiengesellschaft

Müller hat 100 Aktien von der Daimler-Chrysler AG. Jährlich bekommt er den Geschäftsbericht zugeschickt.

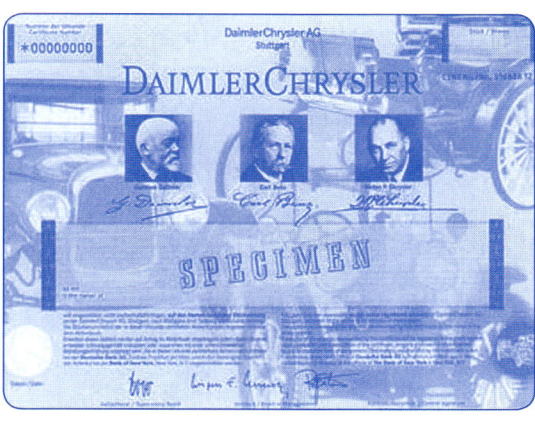

a l Welche Merkmale kennzeichnen eine AG?

Die Teilhaber der AG (= Aktionäre) besitzen

Anteile (= Aktien) am Grundkapital. Sie

haften nicht persönlich für Verbindlichkeiten

der AG, höchstens mit ihrer Einlage.

b l Nach welchen Gründungs- und Kapitalbedingungen muss sich die AG richten?

Grundkapital: mindestens 50.000,00 €, Mindestnennwert 1 Aktie = 1,00 €

Anzahl der Gründer: mindestens 1

Vorschrift: Eintragung ins Handelsregister mit Vorlage des Gesellschafts-

vertrages (Satzung), der notariell beurkundet werden muss

c| Welche Organe sind bei der AG wichtig, und welche Aufgaben haben sie?

Organe	Aufgaben
Hauptversammlung (HV)	– wählt AR-Mitglieder mit einfacher Mehrheit – beschließt über lebenswichtige Fragen (Kapitalerhöhung,-senkung, Betriebsübernahme) – beschließt über die Verwendung des Gewinns
Aufsichtsrat (AR)	– bestellt und entlässt den Vorstand – überwacht die Tätigkeiten des Vorstandes – prüft den Jahresbericht und die Gewinnverteilung
Vorstand	– leitet die AG eigenverantwortlich – berichtet regelmäßig dem AR – stellt das Jahresergebnis auf – beruft die HV mindestens 1x jährlich ein

d| Welche Rechte haben die Aktionäre?

– Teilnahme an jeder Hauptversammlung

– Anspruch auf Gewinn (Dividende)

e| Welche Möglichkeiten der Gewinnverwendung hat die AG?

– 5% des Jahresgewinns in die gesetzliche Rücklage

– bis 50% kann der freiwilligen Rücklage zugeführt werden

– über den Rest entscheidet die HV → Ausschüttung als Dividende

 ERGÄNZENDE INFORMATIONEN: Nur 0,15% aller Unternehmen sind AGs. Durch ihre Größe und Finanzkraft sind sie aber die bedeutendsten Unternehmen der Bundesrepublik Deutschland. Bei ihnen arbeiten immerhin ca. 20% aller Arbeitnehmer.

 ANKREUZTEST (jeweils eine Antwort ist richtig):

a| In welcher Unternehmensform müssen alle Gesellschafter mit ihrem Privat- und Geschäftsvermögen haften?

- ◯ GmbH
- ⊗ OHG
- ◯ KG
- ◯ AG
- ◯ Genossenschaft

b| Wie viel € Grundkapital benötigt man insgesamt bei der Gründung einer GmbH?

- ◯ mindestens 10.000,00 €
- ◯ mindestens 50.000,00 €
- ◯ es gibt keine Vorschrift
- ◯ pro Gesellschafter mindestens 100,00 €
- ⊗ mindestens 25.000,00 €

c| Welche der folgenden Unternehmensformen ist am weitesten verbreitet?

- ◯ KG
- ◯ OHG
- ◯ GmbH
- ⊗ Einzelunternehmen
- ◯ AG

d| Wie viel Gründer sind zur Gründung einer AG notwendig?

- ⊗ 1
- ◯ 3
- ◯ 5
- ◯ 7
- ◯ 9

Kapitel

8

Arbeitsblatt zu „Wirtschaft heute" von Crone/Kühn

Simulation einer Unternehmensgründung

Finanzierung

Klasse:	Datum:
Name:	

Bäcker Müller hat sich für die Räumlichkeiten in der City-Randlage entschieden und muss nun den Finanzierungs-bedarfsplan aufstellen. Diese Räume sind deshalb besonders geeignet, da der Vorgänger hier ebenfalls eine Bäckerei führte. Aus dieser Bäckerei konnte einiges wie, z.B. der Backofen und verschiedene Maschinen, für 40.000,00 € übernommen werden.

Die Ladeneinrichtung wird völlig neu gestaltet und ist mit 65.000,00 € veranschlagt. Zu diesem Zweck müssen kleinere Umbauten vorgenommen werden, die mit 10.000,00 € zu Buche schlagen werden. Die notwendigen Büromöbel wie Schreibtisch, Computer u.Ä. sind bereits vorhanden, müssen nur unwesentlich ergänzt werden (2.000,00 €).

Der vorhandene VW-Bus wird zu einem Tageswert von 15.000,00 € ins Geschäft genommen. Zur Anfangsproduktion der Backwaren müssen Rohstoffe im Wert von 8.000,00 € beschafft werden. Für die sonstige Warenausstattung werden 1.500,00 € eingeplant. Ausgaben für Anmeldungen, Eintragungen (z.B. in die Handwerksrolle) werden mit 500,00 € vorgesehen.

Am 1. August soll die Bäckerei eröffnet werden. Für Werbeanzeigen und Flugblätter werden 2.000,00 €, für freien Kuchen und Kaffee am Eröffnungstag werden 1.500,00 € eingeplant.

Anlaufverluste hat Herr Müller mit 25.000,00 € vorgesehen, da er damit rechnet, dass es ca. sechs Monate dauern wird, bis er seinen Sollumsatz erreichen wird. Als Liquiditätsreserve für unerwartete Kosten werden 10% des Finanzbedarfs angesetzt.

1 Herr Müller kommt unter Berücksichtigung dieser Bedingungen zu folgendem **Finanzbedarfsplan**:

1. Investitionen

   Baumaßnahmen............................ € 10.000,–
   Übernahme vom Vorgänger.............. € 40.000,–
   Ladeneinrichtung .... € 65.000,–
   Büromöbel.................................... € 2.000,–
   Fahrzeug .... € 15.000,–
   Summe .... € 132.000,–

2. Allgemeine Betriebsmittel

   Rohstoffe.................................... € 8.000,–
   sonstige Warenausstattung................. € 1.500,–
   Summe.. € 9.500,–
   Gründungskosten... € 500,–

3. Markteinführungskosten

   Eröffnungsveranstaltung.................... € 1.500,–
   Erstwerbung................................ € 2.000,–
   Summe.. € 3.500,–
   Anlaufverluste... € 25.000,–

4. Liquiditätsreserve.. € 17.050,–

   Gesamt-Finanzierungsbedarf.. € 187.550,–

Der Gründer hat nur relativ beschränkte Mittel zur Verfügung. Sein Sparguthaben beträgt 20.000,00 €, die er zusammen mit dem VW-Bus als Sacheinlage in das Gründungsunternehmen einbringt. Der Vater von Herrn Müller ist bereit, mit 40.000,00 € auszuhelfen. Trotzdem wäre Herr Müller nicht in der Lage, die Finanzierung seines Vorhabens sicherzustellen, falls ihm nicht öffentliche Existenzgründungsdarlehen gewährt würden. Die Grundvoraussetzungen sind bei ihm hinsichtlich Alter, fachlicher Qualifikation und zeitlicher Voraussetzung gegeben. Ihm wird nach Beantragung durch die Bank ein Eigenkapitalhilfekredit von 46.000,00 € und ein ERP-Kredit von 28.000,00 € gewährt. Der zusätzliche Kredit der Hausbank beträgt 18.550,00 €. Als Kontokorrentkredit gewährt ihm die Bank noch einmal 20.000,00 €.

2 Stellen Sie den **Finanzierungsplan** auf.

1.	Langfristige Finanzmittel	
	a) Eigenkapital	
	Barmittel.. € 20.000,–	
	Sacheinlagen .... € 15.000,–	
	Summe .... € 35.000,–	
	b) Fremdkapital	
	Eigenkapitalhilfekredit...................... € 46.000,–	
	ERP-Kredit.. € 28.000,–	
	Bankkredit.. € 18.550,–	
	Summe.. € 92.550,–	
2.	Kurzfristige Finanzmittel	
	Kontokorrentkredit............................ € 20.000,–	
	Privat-Darlehen................................. € 40.000,–	
	Summe.. € 60.000,–	
	Summe Finanzmittel.. € 187.550,–	

Die öffentlichen Kredite sind sämtlich während der ersten Jahre tilgungsfrei. Tilgen, d.h. teilweise rückzahlen muss Müller nur den Bankkredit. Während der Eigenkapitalhilfekredit innerhalb der ersten drei Jahre auch noch zinsfrei ist, muss für alle weiteren Kredite der jeweilige vereinbarte Zins bezahlt werden. Den Betrag, den Müller am Ende des Jahres an Tilgung und Zins bezahlen muss, nennt man **Kapitaldienst.**

3 Der Kapitaldienst, den Müller für das 1. Jahr zahlen muss, errechnet sich folgendermaßen:

geplante Fremdmittel	Kreditbetrag in €	Zinsen pro Jahr %	Zinsen pro Jahr €	Tilgung Anzahl der Jahre	Tilgung € pro Jahr
Eigenkapitalhilfe	46.000,–	–	–,–	–	–,–
ERP-Kredit	28.000,–	5,0	1.400,–	–	–,–
Bankkredit	18.550,–	7,5	1.391,25	5	3.710,–
Kontokorrentkredit	20.000,–	12,0	2.400,–	–	–,–
			5.191,25		3.710,–
Kapitaldienst im 1. Jahr					8.901,25

Kapitel

8

Arbeitsblatt zu „Wirtschaft heute" von Crone/Kühn

Simulation einer Unternehmensgründung

Betriebliche Kosten (1)

Klasse:	Datum:
Name:	

Im Rahmen seiner Unternehmensgründung spricht Hans Müller viel mit seinen besten Freunden Schreinermeister Meninger und Elektromeister Grimm, die bereits seit einiger Zeit selbstständig sind. Hinsichtlich der anfallenden betrieblichen Kosten lässt sich Hans Müller von Meninger und Grimm beraten. Meninger erklärt ihm die Zusammenhänge an einem Auftrag, den er gerade von einem Baumarkt bekommen hat. Er soll 50 Hobby-Werkbänke herstellen.

1 Nennen Sie jeweils einige Kosten(arten) und Leistungen der folgenden Betriebe:

		Kosten	Leistung
a)	Friseursalon	Löhne, Gehälter, Strom, Wasser, Kamm, Schere, Präparate	Schneiden, Waschen, Dauerwelle, Färben
b)	KFZ-Werkstatt	Löhne, Gehälter, Werkzeuge, Hebebühne, Messinstrumente	Reparaturen, Inspektion, Lackierungen, Ersatzteilverkauf
c)	Malerbetrieb	Löhne, Gehälter, Farben, Pinsel, Tapeten, Leiter, Kfz, evtl. Miete	Malen, Tapezieren, Lackieren
d)	Bäckerei	Löhne, Gehälter, Backmischungen, Mehl, Wasser, Backofen	Brot, Brötchen, Brezel, Kuchen, Gebäck

2 Herr Meninger hat von einem Baumarkt einen Auftrag über 50 Hobby-Werkbänke erhalten. Er plant, den Auftrag in fünf Monaten fertigzustellen. Dabei rechnet er, dass im ersten Monat 6 Werkbänke erstellt werden können und aufgrund der zunehmenden Erfahrung und Routine in jedem folgenden Monat zwei Stück mehr.

Folgende Daten sind gegeben bzw. hat Herr Meninger errechnet:
- Monatliche fixe Kosten für diesen Auftrag .... 2.150,00 €
- Variable Kosten je Werkbank .... 220,00 €
- Erlös je Werkbank .... 650,00 €

a) Berechnen Sie die **Kosten**, den **Erlös** und den **Gewinn** je Monat und für den gesamten Auftrag anhand folgender Tabelle (in €):

Stück	fixe Kosten	variable Kosten	Gesamt-kosten	Stück-kosten	Erlös	Gewinn
6	2.150,00	1.320,00	3.470,00	578,33	3.900,00	430,00
8	2.150,00	1.760,00	3.910,00	488,75	5.200,00	1.290,00
10	2.150,00	2.200,00	4.350,00	435,00	6.500,00	2.150,00
12	2.150,00	2.640,00	4.790,00	399,17	7.800,00	3.010,00
14	2.150,00	3.080,00	5.230,00	373,57	9.100,00	3.870,00
50	10.750,00	11.000,00	21.750,00	435,00	32.500,00	10.750,00

Alle Rechte vorbehalten. • Jegliche Verwertung dieses Druckwerkes bedarf – soweit das Urheberrechtsgesetz nicht ausdrücklich Ausnahmen zulässt – der vorherigen schriftlichen Einwilligung des Verlages. • Verlag Handwerk und Technik G.m.b.H., Lademannbogen 135, 22339 Hamburg

▶▶ 115

b) Nennen Sie Beispiele für die hier anfallenden (monatlichen) **fixen Gesamtkosten.**

– Abschreibung auf Werkstatt und   – Versicherungen

  Maschinen   – Gehalt für Bürohilfe

c) Nennen Sie Beispiele für die hier anfallenden (monatlichen) **variablen Stückkosten.**

– Holz   – Spindel

– Beschläge   – Leim, Schrauben

d) Zeichnen Sie in das folgende Diagramm die Erlös- und die Kostenlinie für die unterschiedlichen Stückzahlen ein.

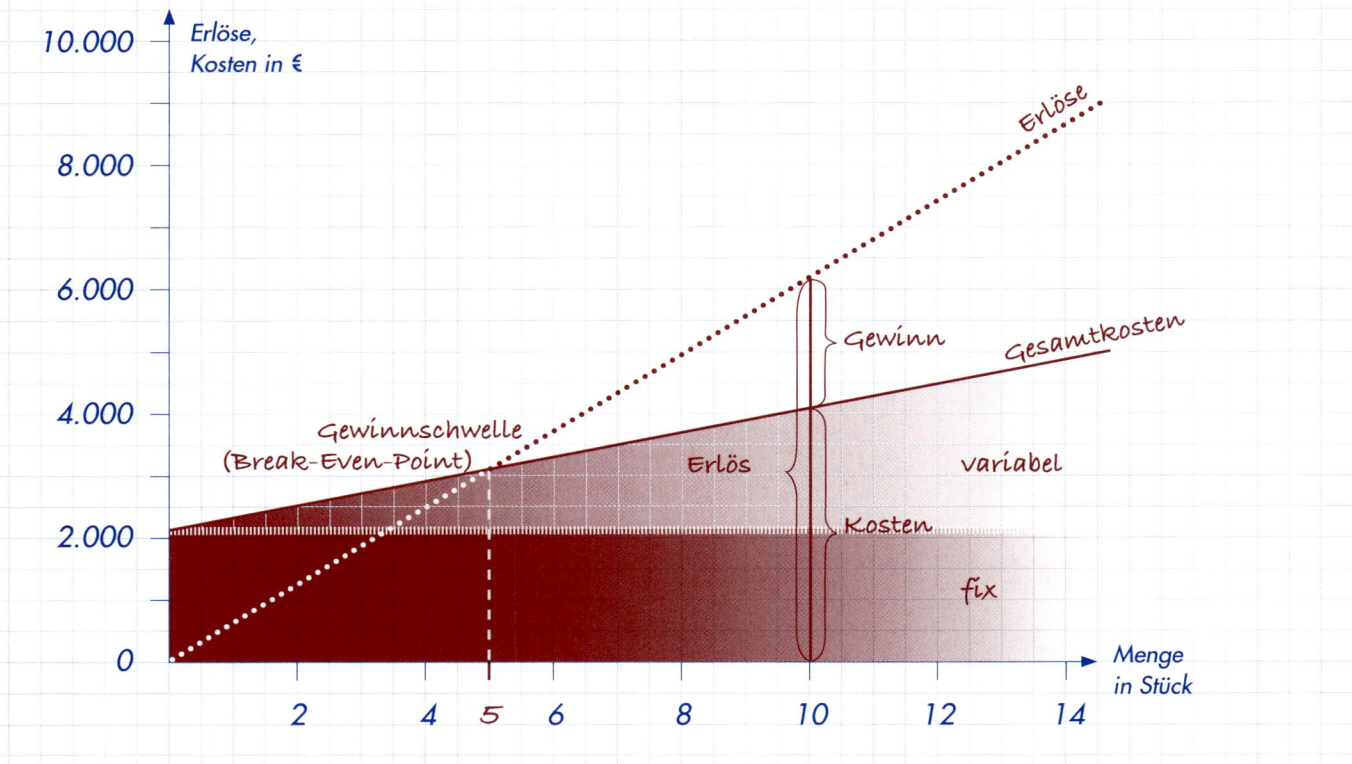

e) Stellen Sie im Diagramm fest, bei welcher produzierten Menge Herr Meninger weder einen Verlust noch einen Gewinn macht (Kosten = Erlöse)? [1]

Wo sich Erlös- und Kostenlinie schneiden: bei 5 Stück (Gewinnschwelle)

f) Zeichnen Sie in das Diagramm die Kosten, den Erlös und den Gewinn bei einer Monatsproduktion von 10 Stück ein. [2]

E = 6.500,00 €   K = 4.350,00 €   G = 2.150,00 €

g) Zeigen Sie, ob sich bei diesem relativ kleinen Auftrag in einem Handwerksbetrieb auch schon das **„Gesetz der Massenproduktion"** auswirkt. Wie lautet das Gesetz der Massenproduktion?

Bei zunehmenden Stückzahlen sinken die Stückkosten

Wirkt es sich hier aus?

Ja, das Gesetz gilt immer, wenn Fixkosten vorhanden sind (vgl. Spalte der

Stückkosten mit sinkenden Beträgen auf der vorigen Seite)

Die zeichnerischen Lösungen lassen sich auch rechnerisch bestätigen:

[1] $E = K$ $\rightarrow p \cdot x = K_f + k_v \cdot x$ $\rightarrow 650 \cdot x = 2150 + 220 \cdot x$ $\rightarrow x = 5$

[2] $G = E - K$ $\rightarrow G = p \cdot x - (K_f + k_v \cdot x)$ $\rightarrow G = 650 \cdot 10 - (2150 + 220 \cdot 10)$ $\rightarrow G = 2150$

Simulation einer Unternehmensgründung
Betriebliche Kosten (2)

3 Ordnen Sie durch Ankreuzen die folgenden Materialien der Schreinerei Meninger richtig zu.

	Rohstoffe	Hilfsstoffe	Betriebsmittel	Fertig-erzeugnissse
a) Hobelmaschine			X	
b) Tischlerplatte	X			
c) Lack		X		
d) Hobelbank für Kunden				X
e) Schraubzwinge			X	
f) Furnier	X			
g) Kleiderschrank				X
h) Schleifpapier		X		

4 Kreuzen Sie an, um welche Kostenart es sich in der Schreinerei Meninger jeweils handelt.

	Material-einzel-kosten	Material-gemein-kosten	Ferti-gungs-einzel-kosten	Ferti-gungs-gemein-kosten	Verwal-tungs-gemein-kosten	Vertriebs-gemein-kosten
a) Hilfslöhne für Aufräumarbeiten				X		
b) Kosten für Nägel und Schrauben		X				
c) Kosten für Büromaterial					X	
d) Abschreibung auf Kreissäge				X		
e) Tischlerplatte	X					
f) Kosten für Zeitungsanzeige						X
g) Facharbeiterlöhne			X			
h) Stromkosten				X		
i) Gehalt einer Sekretärin					X	
j) Furnier	X					

5 Elektromeister Egon Grimm zeigt Müller ein Angebot über die Elektroinstallation im neuen städtischen Kindergarten.

Herr Grimm rechnet mit folgenden Einzelkosten:

- Steckdosen, Schalter, Fassungen usw.   3.500,00 €
- Leerrohre, Kabel, Sicherungskasten   2.850,00 €
- 180 Facharbeiterstunden   à   11,50 €
- 30 Meisterstunden   à   13,00 €

Die Zuschläge für die Gemeinkosten betragen:

- Materialgemeinkosten   10 %
- Fertigungsgemeinkosten   215 %
- Verwaltungs- und Vertriebskosten   15 %

 a) Kalkulieren Sie den Angebotspreis (einschließlich MwSt), wenn ein Gewinn von 20 % erzielt werden soll. (Verwenden Sie wenn möglich ein Kalkulationsprogramm!)

Einzelmaterial		+ 6.350,00 €	
+ Materialgemeinkosten	(10 %)	+ 635,00 €	
= Materialkosten			= 6.985,00 €
Fertigungslöhne		+ 2.460,00 €	
+ Fertigungsgemeinkosten	(215 %)	+ 5.289,00 €	
= Fertigungskosten			= 7.749,00 €
= Herstellkosten			= 14.734,00 €
+ Verw./Vertr.Gemeinkosten	(15 %)		+ 2.210,10 €
= Selbstkosten			= 16.944,10 €
+ Gewinnzuschlag	(20 %)		+ 3.388,82 €
= Nettoangebotspreis			= 20.332,92 €
+ Mehrwertsteuer	(16 %)		+ 3.253,27 €
= Bruttoangebotspreis			23.586,19 €

 b) Prüfen Sie, ob Elektromeister Grimm den Auftrag auch annehmen sollte, wenn die Stadt
- nur 20.000,00 €,
- nur 18.000,00 € zahlen könnte. (Rechnerischer Nachweis!)

Bruttopreis	20.000,00 €	18.000,00 €
– MwSt (i.H.)	2.758,62 €	2.482,76 €
= Nettopreis	17.241,38 €	15.517,24 €
– Selbstkosten	16.944,10 €	16.944,10 €
= Gewinn in €	297,28 €	– 1.426,86 €
= Gewinn in %	1,75 %	Verlust
Entscheidung➜	• kann noch angenommen werden	• nicht annehmen

Simulation einer Unternehmensgründung
Marketing (1)

Früher war die Herstellung von Gütern das Hauptproblem des Unternehmens. Der Verkauf dagegen war gegenüber sehr vielen Kunden mehr ein Verteilen, also kaum ein Problem.

Heute steht der Unternehmer meist im Wettbewerb mit Konkurrenten, die ähnliche Güter anbieten. Das Hauptproblem für sie ist: Wie finde ich genügend Abnehmer für meine betriebliche Leistung?

Marketing ist die Antwort auf die Verschiebung der Gewichte im Markt vom Verkäufer zum Käufer.

1 In diesem Zusammenhang spricht man einerseits von einem Verkäufermarkt, andererseits von einem Käufermarkt. Erklären Sie diese beiden Begriffe:

Verkäufermarkt:

Die Nachfrage ist größer als das Angebot.

Käufermarkt:

Das Angebot ist größer als die Nachfrage.

2 Was wird heute durch das Marketing anders gemacht?
• Es müssen ganz bewusst Marktveränderungen zur Kenntnis genommen werden.
• Jeder Unternehmer muss sich ganz bewusst mit dem Kunden auseinandersetzen.

Aus diesem Grunde lässt sich Marketing folgendermaßen definieren:

Marketing ist *Planung, Koordination und Kontrolle aller auf den Markt und Kunden*

gerichteten Aktivitäten,

mit dem Ziel *den Kunden dauerhaft mit Leistungen des Unternehmens*

zufriedenzustellen

und gleichzeitig *die Unternehmensziele zu verfolgen.*

3 Zielgruppen

Der Markt ist vielschichtig und unübersehbar. Jeder muss deshalb seinen Markt so übersichtlich wie möglich gestalten, d.h. abgrenzbare Kunden- oder Zielgruppen bilden. Die Zielgruppe ist also ein homogen handelnder Teil des gesamten Marktes. Die Kunden innerhalb dieser Zielgruppe handeln gleich oder sehr ähnlich.

Deshalb hier ein kleiner Test, der auch für Schreiner Meninger wichtig wäre! Welchem Typ würden Sie welchen Stuhl zuordnen?

Lösung:

Typ	1	2
Stuhl	C	B
3	4	5
E	D	A

4 Grundsätzlich können vier Zielgruppen festgehalten werden. Beschreiben Sie die Eigenschaften der vier Zielgruppen für Bäcker Müller und beurteilen Sie die Wichtigkeit der jeweiligen Zielgruppe:

hoch

Nettoerlöse

STAMMKUNDE

– bequeme Kunden

– sie meiden Preisverhandlungen

– sie wollen einen guten Service und gute Beratung

Beurteilung:

wichtigste Kundengruppe mit den höchsten Nettoerlösen und geringsten Kosten

SONDERBESTELLER

– Sonderanfertigung

– sind bereit, dafür auch einen höheren Preis zu bezahlen

– die Einmaligkeit und der besondere Service sind wichtig

Beurteilung:

sehr interessante Kundengruppe mit sehr hohen Nettoerlösen, aber auch höheren Kosten aufgrund der Sonderherstellung

NIEDRIGPREISKUNDEN

– reagieren empfindlich auf die Preishöhe und Preisveränderungen

– fordern hohen Service und hohe Qualität

– sind sehr kritisch mit der erbrachten Leistung

Beurteilung:

weniger interessante Kundengruppe, da sehr niedrige Nettoerlöse aufgrund starken Preisdrucks

GEWERBLICHE KUNDEN

– kaufen in großen Mengen

– wollen oft höchste Qualität und besten Service

– führen intensive Preisverhandlungen

– besitzen große Nachfragemacht

Beurteilung:

sehr schwierige Kundengruppe, da durch große Nachfragemacht die Preise gedrückt werden und trotzdem besondere Wünsche erfüllt werden müssen

niedrig   **Kosten der Kundenbedienung**   **hoch**

Kapitel

8

Arbeitsblatt zu „Wirtschaft heute" von Crone/Kühn

Simulation einer Unternehmensgründung
Marketing (2)

Klasse: | Datum:

Name:

5 Produkt- und Sortimentspolitik

Jeder Unternehmer muss auf die richtige Produkt- und Sortimentspolitik achten. Dazu gehören Aussagen über die Qualität seiner Produkte, die Angebotspalette, den Markennamen und das Image.

a | *Qualität*

Eine eindeutige Aussage über die Qualität zu machen ist sehr schwierig. Jeder versteht etwas anderes unter Qualität. So meint ein Kunde, Bäcker Müller habe die besten Laugenbrezel, ein anderer ist über deren Qualität sehr enttäuscht. Aus diesem Grunde sollte man den Begriff Qualität nach verschiedenen Gesichtspunkten betrachten: Sie wollen beide Laugenbrezel, der eine zum Frühstück, der andere abends für seine Gäste. Auch dann sollen die Laugenbrezel also noch frisch sein.

Acht Qualitätsmerkmale werden hier genannt. Formulieren Sie diese in Form einer Frage und bilden Sie ein passendes Beispiel (Laugenbrezel von Bäckerei Müller):

Qualitätselement	Frage	Aussage für Bäcker Müller
1. Gebrauchsnutzen	Wofür verwende ich es?	Laugenbrezel zum Frühstück, abends für Gäste
2. Ausstattung	Welchen Zusatznutzen bringt es mir?	Laugenbrezel mit und ohne Salz
3. Zuverlässigkeit	Wie problemlos funktioniert es?	Sie sollen immer bissfähig sein
4. Normgerechtigkeit	Entspricht es den gültigen Normen?	Sie müssen entsprechend den Vorschriften gebacken sein
5. Haltbarkeit	Wie lang ist die Lebensdauer?	Lange haltbar, evtl. zum Aufbacken
6. Ästhetik	Gefällt es mir?	Als Brezel, als Brötchen, als Stange
7. Qualitätsimage	Was wird allgemein über die Qualität des Produktes gesagt?	Die Brezel gelten weithin als die besten
8. Kundendienst	Wie gut sind Beratung, Service, Terminzuverlässigkeit und Garantie?	Sie werden für Feste angeliefert, auch abends

b | *Markenname*
Bäcker Müller überlegt, ob bei einer Änderung der Unternehmensform in eine GmbH der Name der Bäckerei in „Der Brotladen" umgewandelt werden soll. Warum ist ein klarer Markenname so wichtig?

Da Schrift, Form und Farbe sowie der Name immer gleich aussieht, führt diese

Markierung zu einer Erinnerungswirkung und letztendlich zur Markentreue. Der

Markenname dient der Abhebung und der Unterscheidung von der Konkurrenz.

c | *Image*
Über Bäckerei Müller haben die Kunden eine Meinung (Ist-Image). Andererseits möchte die Bäckerei Müller in bestimmter Weise von den Kunden gesehen werden (Soll-Image).
Beschreiben Sie das Ist-Image Ihrer heimatlichen Bäckerei:

z. B. durchschnittliches Angebot, nicht sehr kundenfreundlich, da bereits ab 18 Uhr

und am Mittwochnachmittag geschlossen

Beschreiben Sie das Soll-Image, das Bäckerei Müller anstreben sollte:

z. B. jederzeit frische Backwaren (backt mehrmals täglich), hat ein umfangreiches Sortiment, legt auf biologische Ware großen Wert, hat sehr freundliche Verkäufer- innen, kundenfreundlich, d. h. bis 20:00 Uhr geöffnet, liefert belegte Brötchen auch am Wochenende für Feierlichkeiten ins Haus

 Preis- und Konditionenpolitik

a| *Preisgestaltung*

Ein Unternehmer muss für jedes Produkt bezogen auf seine Zielgruppe die Preishöhe festlegen. Sein Preisspielraum liegt zwischen

- *der Preisobergrenze:* Was ist der Käufer maximal bereit zu zahlen?

= kundenorientiert

und

- *der Preisuntergrenze:* Wie hoch sind die Selbstkosten des Unternehmers?

= kostenorientiert

Unterscheiden sich seine Produkte nicht von denen der Konkurrenz, so muss er sich die Frage stellen:

Welchen Preis lässt die Konkurrenz zu?

In welcher Preissituation befindet sich Bäcker Müller mit seinen Laugenbrezeln?

Die Brezeln sind zwar sehr gut, aber die Gleichheit zu „Konkurrenzbrezeln" ist vorhanden und begründet keine Abweichung zu den Preisen der Konkurrenz.

Nennen Sie Hersteller zu den jeweiligen Branchen, die eine besondere Position in ihrem Markt darstellen und deshalb einen höheren Preis verlangen:

Automobile	Daimler-Chrysler, BMW, Porsche usw.
Textil	Boss, Jil Sanders, Dior usw.
Möbel	Rolf Benz, Flötotto, WK-Möbel, Interlübke usw.
Porzellan	Rosenthal, Meissen
Computer	IBM, Apple

b| *Rabatte*

Der einmal vom Anbieter festgelegte Preis kann durch die Gewährung von Rabatten wieder verändert werden. Rabatte sind Preisnachlässe, die für bestimmte Leistungen des Abnehmers gewährt werden und mit dem Produkt in einem direkten Zusammenhang stehen.

Erklären Sie folgende Rabattarten:

Mengenrabatt: für Menge pro Auftrag oder Auftragswert pro Periode, z. B. Jahr

Personalrabatt: gilt nur für Mitarbeiter einer Unternehmung

Handwerkerrabatt: gibt es für gewerbliche Handwerker

Barzahlungsrabatt (Skonto): bei Zahlung bar, per Scheck oder Überweisung innerhalb eines Monats kann ein Preisnachlass von 3 % gewährt werden.

Kommunikationspolitik

Zu diesem Instrument des Marketing gehören vier weitere Instrumente: Absatzwerbung, persönlicher Verkauf, Verkaufsförderung und Öffentlichkeitsarbeit

7 Absatzwerbung

a) Was versteht man allgemein unter Werbung?

Werbung ist eine versuchte Verhaltensbeeinflussung bestimmter ausgesuchter

Personengruppen mithilfe bestimmter Werbemittel.

b) Wofür wird Werbung eingesetzt?

– Gewinnung neuer Kunden

– Erhaltung alter Kunden

– Bekanntmachung neuer Leistungen, z.B. Produkte

– Bekanntmachung des Betriebes

– Sicherung in Krisenzeiten

c) Wie wirkt Werbung?

Sender	Signal = Werbemittel, z.B.	Empfänger
Handwerker verschlüsselt Informationen in	– Anzeige – Werbespot – Plakat	Handwerker entschlüsselt Informationen aus
• Sprache • Bild • Zahlen	Kanal = Werbeträger, z.B. – Zeitung – Funk – TV / Kino	• Sprache • Bild • Zahlen und interpretiert sie subjektiv

Messung des Werbeerfolges, d.h. des vom Unternehmer beabsichtigten Kundenverhaltens

8 Erarbeiten Sie eine **Werbeplanung** für Bäcker Müller.

1. Zielgruppenbestimmung

Bäcker Müller wendet sich zunächst an alle Kunden im Umkreis von 1 km.

2. Werbebotschaft

„Bäcker Müller, der Bäcker in Ihrer Nähe."

3. Werbemittel

Kundengespräch

Anzeigen

Warenpräsentation

Sonderangebot

Kuchen, Kaffee gratis

4. Werbeträger

⬌ gut ausgebildete, freundliche Verkäufer

⬌ in Anzeigenblättern dieses Stadtteils

⬌ Verkaufsraum sauber, überschaubar

⬌ Flyer

⬌ Eröffnungsveranstaltung

5. Werbeperiode

Die Werbeperiode bezieht sich nur auf die Anzeigen, die zunächst drei Monate laufen sollen.

6. Werbegebiet

Das Werbegebiet sollte über das Wohngebiet hinaus gehen, um sich bei einem größeren Publikum bekannt zu machen.

7. Werbeetat

für die Eröffnungsveranstaltung 1.500,00 €,

für die Erstwerbung 2.000,00 € (siehe Finanzierung, Seite 113)

9 Diskutieren Sie in der Klasse die Vor- und Nachteile von Werbung, sowohl für den Unternehmer, als auch für den Verbraucher und notieren Sie sich in der unten stehenden Tabelle einige Stichworte:

	Vorteile	Nachteile
für den Unternehmer	– gute Zielgruppenansprache durch Medien – Erhöhung des Absatzes – Senkung der Kosten – gutes Informationsinstrument	– sehr teuer – Messung des Werbeerfolges kaum möglich – ermöglicht Vergleiche mit der Konkurrenz
für den Verbraucher	– Erhöhung der Markttransparenz – Übersicht über Produktangebot – durch Vergleichsmöglichkeiten wird Kaufunsicherheit gesenkt	– unvollkommene und einseitige Information möglich – Informationsüberflutung führt zur Unübersichtlichkeit des Marktes – kapitalkräftige Firmen dominieren und schränken die Marktübersicht ein

10 Fahrzeugwerbung

Besonders wichtig ist die Fahrzeugwerbung. Beurteilen Sie die folgenden Werbeaufdrucke und entscheiden, was falsch und richtig ist.

Was ist hier falsch?

– Das Logo ist zu klein

– Es wird viel Raum verschenkt

– Es fällt wenig auf

Was ist hier richtig?

– Die ganze Seite der LKW ist mit dem Logo und dem Namen bedeckt

– Das Zeichen muss noch aus 100m Entfernung von Passanten erkannt werden

Was ist hier falsch?

– Information ohne Aussage

– Kein Name

– Kein Firmenname

– Eine Tel.-Nr. merkt sich keiner

Was ist hier richtig?

– Firmen-Präsentation unübersehbar

– Heck = wichtigste Werbefläche bei einem Fahrzeug

– Achtung: Fahrweise wird in Verbindung mit Firma gebracht

Marketing will unternehmerischen Erfolg vergrößern helfen!

Dieser Anspruch ist nur möglich, wenn der Kunde zufrieden ist und sich diese Zufriedenheit herumspricht, er somit entweder zum Wiederholungskäufer oder Meinungsführer (Empfehler) wird. So muss jede Unternehmung für jede Zielgruppe ihre Marketing-Instrumente **(Marketing-Mix)** individuell auswählen und aufeinander abstimmen.

Zum Schluss muss natürlich eine Kontrolle stattfinden, d.h., der geplante und durchgeführte Einsatz der Marketing-Instrumente muss auf deren Wirksamkeit hin überprüft werden. Die Frage innerhalb dieser Prüfung kann nur heißen:

Ist der Kunde mit dem Kauf zufrieden?

Beantworten Sie folgende Fragen und tragen Sie die Antworten in die vorgesehenen Felder des Schaubildes ein.

a | Welche Aufgabe hat die Marktforschung?

b | Welche Aufgabe hat die Marktsegmentierung für den Unternehmer?

c | Welche Marketing-Instrumente braucht man für das Marketing-Mix?

d | Wie kann man eine Kontrolle über die Wirkung der eingesetzten Marketing-Instrumente (des Marketing-Mix) bekommen?

Vier Phasen des Marketingablaufs

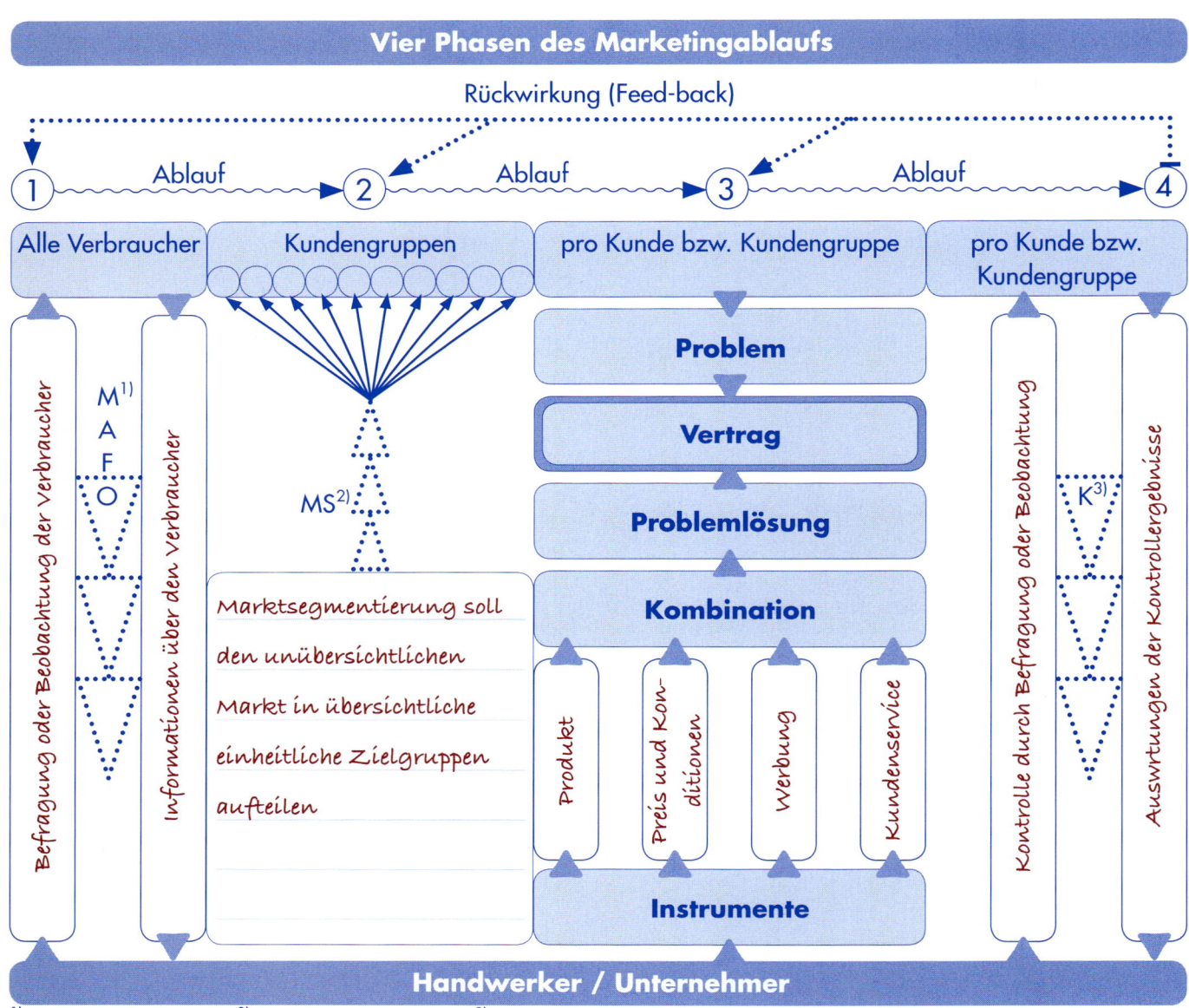

$^{1)}$ MAFO = Marktforschung; $^{2)}$ MS = Marktsegmentierung; $^{3)}$ K = Kontrolle

12 Persönlicher Verkauf

Verhandlungen mit dem Kunden sind schwierig. Aus diesem Grunde sollte der Unternehmer versuchen, seinen Kunden vor dem persönlichen Gespräch richtig einzuschätzen.

Machen Sie Vorschläge, wie man auf die folgenden Kundentypen reagieren sollte:

• Der Vielredner (lässt Gesprächspartner kaum zu Wort kommen – schneidet ihm das Wort ab – schweift leicht vom Thema ab):

Behandlung:

Zunächst reden lassen und interessiert zuhören; bei sich bietender Gelegenheit freundlich, aber fest einsteigen; da für Lob generell empfänglich beispielsweise Einstieg mit „Also, da kann ich Ihnen nur voll zustimmen und genau das haben wir auch im vorliegenden Produkt"

• Der Schweiger (einsilbig – verschlossen – höchstens knappe Bemerkungen):

Behandlung:

Durch Fragen (keine Frage mit Ja-Nein-Alternative!) aus der Reserve locken, Interessen ansprechen; Zeit lassen; eigene Rede einstellen, wenn er/sie ansetzt

• Der Rechthaberische (Besserwisser – auf bestimmte Meinungen fixiert – leicht erregbar – knappes, energisches Auftreten):

Behandlung:

Viel Zustimmung und Lob geben; Geltungsbedürfnis befriedigen; keine Belehrungen; nicht Fachmann herauskehren, sondern Kompetenz des Kunden betonen; „an sich selbst verkaufen lassen"

• Der Ängstliche (schüchtern – zurückhaltend – empfindlich – komplexbeladen – unsicher):

Behandlung:

Nicht drängen; Sicherheit vermitteln über Demonstration; Garantieerklärungen, Referenzen

• Der Misstrauische (lauernd – zurückhaltend – empfindlich – komplexbeladen – unsicher):

Behandlung:

Behutsam führen, ihn sich selbst überzeugen lassen über Ausprobieren und Nachfragen bei Referenzpersonen; auch im Detail genau sein, um keine Angriffspunkte zu bieten

• Der Nervöse (unruhig – viel Leerlaufbewegung – schnelle, unkonzentrierte Sprechweise – unvollständige Sätze – Zeitmangel betonend):

Behandlung:

Nicht durch betonte Ruhe reizen; Zeitmangel des Kunden durch knappes Gespräch respektieren; durch schnelle Reaktion an Wesensart des Kunden anpassen

• Der Unentschlossene (wankelmütig – macht sich immer wieder durch „wenn" und „aber" unsicher – Fragewiederholung):

Behandlung:

Durch Loben Mut zur Entscheidung geben: über Entscheidungsvorschläge zur Entscheidung hinführen; Unsicherheiten durch Garantieerklärungen und Referenzen beseitigen; evtl. leichten Druck ausüben

 Verkaufsförderung und Öffentlichkeitsarbeit

a| Die Verkaufsförderung soll

das Verkaufen am Verkaufsort verbessern und unterstützen.

b| Die Öffentlichkeitsarbeit soll dagegen

eine gute Beziehung zwischen Betrieb und Öffentlichkeit herstellen.

c| Welche Möglichkeiten hat Bäcker Müller, auf sich aufmerksam zu machen?

– Sonderaktionen zu bestimmten Zeiten (Brötchen, Kuchen, Kaffee usw.)

– Sonderaktionen zu bestimmten Produkten (Körnerbrötchen, Körnerbrot)

– Öffentliches Backen, z. B. mit Schulkasse

– Sammelmarken

– Rabattmarken zur Bindung der Stammkunden

– Informationen über Sonderdienstleistungen wie z. B. Partyservice

 Wo verstecken sich hier zehn Wörter bzw. Abkürzungen?

J	E	Z	K	B	C	H	N	M	S	T	K	L	I	O
U	T	I	S	H	C	T	X	A	M	Z	V	A	F	G
I	S	E	N	D	E	R	H	R	A	B	A	T	T	E
Ä	J	L	P	R	O	D	U	K	T	Ü	K	W	L	Y
P	O	G	Q	U	A	L	I	T	Ä	T	Ö	X	Y	A
M	A	R	K	E	T	I	N	G	M	I	X	M	V	N
L	N	U	K	O	I	M	P	Ä	A	Ü	B	T	H	X
Q	M	P	R	Z	J	A	S	B	F	T	D	U	V	Z
E	M	P	F	Ä	N	G	E	R	O	C	E	B	F	W
Q	Ö	E	R	A	S	E	Ä	C	E	G	Ü	V	F	G

waagerecht:
Marketingmix - Empfänger - Qualität - Sender - Produkt - Rabatte

senkrecht:
Zielgruppe - Image - MAFO - Markt